Vollwertig backen

Rita Raffelt

VOLLWERTIG BACKEN

FALKEN
TaschenBuch

Im FALKEN TaschenBuch Verlag sind weitere Titel zum Thema „Essen und Trinken“ erschienen.
Bitte fragen Sie in Ihrer Buchhandlung.

Unser Beitrag zum Umweltschutz:
Papier aus chlorfrei gebleichtem Zellstoff

Die Deutsche Bibliothek – CIP-Einheitsaufnahme

Raffelt, Rita:
Vollwertig backen / Rita Raffelt. –
Niedernhausen/Ts. : FALKEN TaschenBuch Verl., 1996
(FALKEN TaschenBuch)
ISBN 3-635-60082-2

Vollständig überarbeitete und erweiterte Ausgabe 1996
ISBN 3 635 60082 2

Umschlaggestaltung: Zembsch' Werkstatt, München
Layout: Kommunikationsdesign dingendorf · posselt, Wiesbaden
Redaktion: Silke von Küster, Wiesbaden/Christiane Rückel
Herstellung: Michael Greiss
Titelbild: FALKEN Archiv/Langanke
Zeichnungen: Ute Dreyspring, Oberjosbach
Satz: Raasch & Partner GmbH, Neu-Isenburg
Druck: Paderborner Druck Centrum

817 2635 4453 6271

Inhalt

Warum Vollkorn?

Das volle, keimfähige Getreidekorn ist dem hellen Mehlstaub, den wir üblicherweise zu uns nehmen, in jeder Hinsicht überlegen. Das volle Korn, gleich welcher Getreideart, ist reich an wertvollem Eiweiß, essentiellen Fettsäuren, Mineral- und Ballaststoffen sowie an Vitaminen, vor allem an denen der B-Gruppe und an Vitamin E. Alle diese für die Gesundheit so wichtigen Stoffe finden sich, mit Ausnahme der Ballaststoffe, im Keim des Getreidekornes, der beim Mahlvorgang aus Haltbarkeitsgründen entfernt wird. Das im Keim enthaltene Fett würde das daraus gewonnene Mehl schnell ranzig werden lassen. Mit dem Mahlen gehen aber auch die äußeren Schichten des Getreidekornes als Kleie verloren, und damit auch die Ballaststoffe. Übrig bleibt der reine Mehlkörper, der aus Stärke und dem Kleber besteht. Kleber ist wichtig für die guten Backeigenschaften eines Teiges.
Mit dem sogenannten Ausmahlen des Mehles, also dem Entfernen von Keim und Kleie, wurde den heutigen Zivilisationskrankheiten der Weg geebnet. Der Mangel an Ballaststoffen ruft Funktionsstörungen des Darmes hervor, begünstigt Diabetes, Übergewicht, Arteriosklerose, Gallenbeschwerden, Hautkrankheiten und Dickdarmkrebs. Die Vitamine der B-Gruppe, die für den ungestörten Stoffwechsel unabdingbar sind, sowie die Mineralstoffe Kalium, Magnesium und Eisen, die alle mit dem Keim beim Ausmahlen verloren gehen, sind genau die Stoffe, die in unserer täglichen Nahrung Mangelware sind.
Ein wichtiger Schritt, der ständig wachsenden Zahl von Zivilisationskrankheiten zu begegnen, besteht daher in der Rückkehr zu einer natürlichen, ausgewogenen Ernährung mit dem vollen Korn als festem Bestandteil.

Getreide in unserer Ernährung

Weizen

Der Weizen ist das bei uns bekannteste und am meisten verwendete Getreide. Dank seines hohen Klebergehaltes hat jeder Teig aus Weizen hervorragende Backeigenschaften. Alle anderen Getreidearten weisen weniger Kleber als der Weizen auf; Gebäck daraus ist immer ein wenig krümeliger. Weizen sollte daher immer zu wenigstens einem Fünftel anderen Mehlen beigefügt werden.
Unterschieden wird zwischen Hart- und Weichweizen. Hartweizen weist mehr Eiweiß auf und eignet sich deswegen besonders gut zur Grieß- und Teigwarenherstellung. Weichweizen enthält mehr Stärke und wird daher mehr zum Backen verwendet.

Roggen

Der Roggen ist in der Weltgetreideproduktion ganz hinten angesiedelt. In Deutschland und anderen nordeuropäischen Ländern allerdings steht er hinter dem Weizen an zweiter Stelle, was auf die für den Roggen günstigen klimatischen Bedingungen zurückzuführen ist. Der Roggenverbrauch ist, nachdem er Jahre hinweg rückläufig war, wieder im Steigen begriffen. Das ist von ernährungswissenschaftlicher Sicht her sehr zu begrüßen, denn Roggen enthält ein sehr wertvolles Eiweiß.
Aus Roggen gebackenes Brot hält sich viel länger als Brot aus Weizen. Seine guten Backeigenschaften entfaltet der Roggen erst in Gegenwart von Säure, weswegen Roggenmehl nicht mit Hefe, sondern mit Sauerteig gebacken wird.

Gerste

Die Gerste ist eine der ältesten Kulturpflanzen; sie stellt nur geringe Ansprüche an Klima und Boden. In ihrer Zusammensetzung ähnelt die Gerste dem Weizen, im Geschmack mehr dem Roggen.
Die Gerste gehört zu den Spelzgetreiden und muß daher vor der Weiterverarbeitung geschält werden. Zum Backen ist Gerstenmehl wegen des geringen Klebergehaltes ungeeignet – jedes Gebäck würde sofort auseinanderfallen. Einen kleinen Teil (bis ein Viertel) von Weizen oder Roggen können Sie aber durchaus durch Gerste ersetzen.
Außer zu Malz für die Bierbereitung wird Gerste zu Schrot, Grütze und Graupen verarbeitet. Diese Nahrungsmittel sollten Sie nutzen, denn Gerste enthält außerordentlich viel Folsäure, ein Vitamin der B-Gruppe, mit dem wir eher unterversorgt sind.

Hafer

Der Verbrauch an Hafer ist in den letzten Jahren wieder gestiegen.
Zu Recht, denn Hafer hat von allen Getreidearten am meisten Eiweiß und Fett und ist damit am nahrhaftesten. Das Fett besteht aus hochwertigen Ölen mit einem hohen Anteil ungesättigter Fettsäuren. Darüber hinaus weist Hafer auch die höchste Vitaminkonzentration auf. Eine Besonderheit des Hafers sind seine hormonartigen Stoffe mit belebender Wirkung sowie seine Schleimstoffe, die positiv auf die Schleimhaut von Magen und Darm wirken.
Hafer muß wie Gerste entspelzt werden. Durch seinen geringen Kleberanteil bröselt das Hafergebäck leicht. Zum Backen sollte Hafer mit Weizen gemischt werden.
Wegen des höheren Fettgehaltes wird Hafer, vor allem Hafermehl, leicht ranzig. Er sollte deswegen nur strikt nach Bedarf gemahlen werden. Auch das Mahlen gestaltet sich wegen des Fettes nicht ganz einfach. Ein Tip: Wenn Sie die Haferkörner vorher leicht einfrieren, wird Ihre Mühle bestimmt damit fertig.

Reis

Reis ist wie Gerste eine alte Kulturpflanze, die auch heute noch vorwiegend in Asien, immer mehr aber auch in den USA und in Südeuropa angebaut wird.
Das Reiskorn ist wie Hafer und Gerste bespelzt. Beim Schälen kommt ein bräunlich-silbernes Körnchen zutage, das sogenannte Silberkorn. Das ist der echte Vollkornreis, der voller Vitamine und Ballaststoffe steckt. Das Polieren dieses Reises führt zum Weißreis. In der Vergangenheit hat die Umstellung weiter Landstriche Asiens von Vollreis auf polierten Reis zu schweren Vitaminmangelkrankheiten geführt. Auf jeden Fall sollte daher dem Naturreis der Vorzug gegeben werden.
Er schmeckt auch kräftiger. Ähnlich dem Hafer kann er wegen des höheren Fettgehaltes nicht lange gelagert werden.

Mais

Den Mais entdeckte bereits Kolumbus bei den Indios Mittelamerikas, doch erst die Spanier brachten den Mais mit nach Europa. Wegen seiner hohen Erträge hat sich der Maisanbau in den letzten Jahren ständig ausgeweitet; heute steht Mais an zweiter Stelle hinter dem Weizen in der Weltproduktion.
Aus Mais werden Grieß, Mehl, Stärke und Öl gewonnen. Mais enthält keinen Kleber, ist also glutenfrei und für die Ernährung Zöliakiekranker geeignet. Zum Backen muß Mais mit Weizen gemischt werden, sonst krümelt das Gebäck.

Dinkel

Dinkel ist eine alte Kulturform des Weizens. Er ist für unsere Ernährung so wertvoll, weil er reichlich Eiweiß, Kalium, Phosphor und Eisen enthält. Aber auch der gute Geschmack von Dinkelbrot und -gebäck und seine Bekömmlichkeit sprechen für ihn.

Kleine Mühlenkunde

Eine eigene Haushaltsgetreidemühle ist bei der biologischen Vollwerternährung unentbehrlich, denn das Korn sollte unmittelbar vor dem Teigzubereiten gemahlen werden.
Für kleinere Getreidemengen gibt es handbetriebene Mühlen. Sie eignen sich jedoch nur für das Getreidemüsli; notfalls sind sie auch für einen kleinen Kuchen oder ein „Minibrot" geeignet. Bei größeren Mengen, wie sie in diesem Backbuch empfohlen werden, ist jedoch eine elektrische Getreidemühle nötig.
Bitte bedenken Sie: Für ein Brot braucht man 500 g Getreide, und bei einer durchschnittlichen Minutenleistung von 25 g (Handmühle) würden Sie 20 Minuten mühevoll mahlen müssen!
Grundsätzlich unterscheidet man Mühlen, deren Mahlwerk fest mit dem Motor verbunden ist (= Gesamtgerät) und Mühlen als Vorsatzgerät und Motorblock. Es gibt eine ganze Reihe von Küchenmaschinen, zu denen preiswerte Mahlvorsätze lieferbar sind. Meist ist die Mahlleistung der Gesamtgeräte größer als die der Vorsatzgeräte, sie sind aber auch teurer. Ein Vorsatzgerät ist besonders dann in einem Haushalt empfehlenswert, wenn der Antriebsteil bereits vorhanden ist.
Natürlich liefert der Fachhandel die Mahlvorsätze auch einzeln, also ohne Motorblock.
Ein weiteres Unterscheidungsmerkmal bezieht sich auf das Mahlwerk: entweder besteht es aus gegossenen Mahlsteinen (zum Beispiel Basaltkörnchen in Magnesitmasse eingebettet), aus behauenen Natursteinen, aus gehärtetem Stahl oder aus Keramik.
Der Feinmehlanteil, der ja bei Feingebäck sehr wichtig ist, liegt bei einem Steinmahlwerk meistens höher.
Grundvoraussetzung für ein unproblematisches Mahlen jeder Getreideart ist ihr trockener Zustand. Sind die Körner feucht, verklebt fast jedes Mahlwerk. Deshalb ist es wichtig, das Getreide trocken zu lagern. Ungeeignete Orte sind der Speicher und ein feuchter Keller.
Um bei der Lagerung über eine längere Zeit einen Käferbefall zu verhindern, ist es ratsam, das Korn alle 4–6 Wochen umzuschütten und in luftdurchlässigen Behältern zu lagern.

Zucker oder Honig?

Fabrikzucker, egal ob weiß oder braun, wird aus Zuckerrüben oder Zuckerrohr industriell hergestellt. Mit ihm wird heute normalerweise gesüßt. Fabrikzucker ist jedoch wie das Auszugsmehl, nur das Teilprodukt einer Pflanze, also isoliert. Auf längere Zeit und bei größeren Mengen kann Fabrikzucker der Gesundheit schaden. Er benötigt zum Abbau das Vitamin B_1, von dem wir sowieso viel zu wenig haben. Daneben kann er Karies und Stoffwechselstörungen wie Diabetes hervorrufen.

Honig besteht zu 34–37 Prozent aus Traubenzucker, zu 36–40 Prozent aus Fruchtzucker und zu einem geringen Teil aus Rohrzucker. Diese Zucker werden von wertvollen Inhaltsstoffen wie Inhibinen, Vitaminen, Enzymen, Eiweiß und Mineralstoffen begleitet. Beim Backen wird der Honig jedoch überhitzt, wodurch ein Teil seiner gesundheitlich wertvollen Stoffe verlorengeht. Deshalb können Sie hier ohne weiteres billigen Importhonig verwenden, der beim Abfüllen normalerweise weit über 40 Grad Celsius erhitzt wurde, deshalb flüssig bleibt und sich zum Backen recht gut eignet.

In den vorliegenden Rezepten werden Honig und Zucker gemeinsam verwendet. Diese Rezepte sollen Ihnen, falls angestrebt, den allmählichen Übergang von Zucker zur ausschließlichen Verwendung von Honig erleichtern. Falls Sie ausschließlich mit Honig arbeiten möchten, sollten Sie die Flüssigkeitsmenge in den Rezepten etwas verringern. 1 gehäufter Eßlöffel Zucker entspricht ungefähr 1 gehäuften Eßlöffel Honig an Süßkraft. Da das mit Honig verarbeitete Gebäck zum Schluß der Backzeit leichter zum Bräunen neigt, ist es ratsam, es dann mit einer Alufolie abzudecken.

Anstelle von raffiniertem Fabrikzucker oder Honig ist es auch möglich, Diät- oder Diabetikerzucker zu verwenden. Hierbei müßten Sie folgendermaßen umrechnen:

1 gestrichener Eßlöffel Zucker = 10 g
1 gehäufter Eßlöffel Zucker = 20 g
1 gehäufter Eßlöffel Honig = 30 g

Bei ausschließlicher Verwendung von Diabetiker- oder Fabrikzucker sollten Sie die Flüssigkeitsmenge in den Rezepten geringfügig erhöhen.

Backen mit Vollkornmehl

Rührteig: Mahlen Sie das Getreide mehlfein. Der Teig sollte so beschaffen sein, daß er schwer vom Löffel fällt. Da Vollkornmehl nachquillt, sollte bei Bedarf die Flüssigkeitsmenge erhöht werden. Wenn nicht anders vermerkt, können Sie statt Butter auch Margarine verwenden. Eine Mischung aus Butter und Margarine im Verhältnis 30:70 ist auch gut geeignet. Das fertige Gericht bröselt leicht; verwenden Sie zum Schneiden ein scharfes Messer.

Biskuitteig: Sieben Sie vor dem Verarbeiten das Mehl. Die zurückgebliebene Kleie heben Sie mit dem Mehl unter die Eier-Zucker-Masse.

Hefeteig: Sie können den Hefeteig direkt in den kalten Backofen schieben. Er braucht dafür kaum gegangen zu sein. Kommt er dagegen in den vorgeheizten Backofen, muß er seine volle Größe bereits entwickelt haben. Besonders gut schmeckt Hefegebäck aus Dinkel. Sie können in den Rezepten einen beliebigen Teil des Weizens durch Dinkel ersetzen.

Mürbeteig: Das Mehl sollte hierfür sehr fein gemahlen sein. Wird der Teig ausgerollt, ist es kaum möglich, Honig zu verwenden. Problemlos dagegen ist es, Kugeln, Häufchen oder Spritzgebäck mit Honig herzustellen.

Blätterteig: Bereiten Sie diesen am besten einige Stunden vor dem Backen zu und stellen Sie ihn dann kühl. Der Teig wird dann blättriger.

Backferment zum Brotbacken: ist ein Konzentrat aus Getreidemehl, Honig, Salz und Erbsmehl.

Brotbacken mit Grundansatz: Der Grundansatz kann verschlossen im Kühlschrank bis zu 6 Monate gelagert werden. Durch das ständige Wiederverwenden des Grundansatzes wird dieser veredelt. Nach 20–30maligem Brotbacken hat er seine vollkommene Geschmacksentfaltung erreicht. Wenn Sie lockeres und bekömmliches Brot bevorzugen, sollten Sie das Getreide sehr fein mahlen.

Brotbacken mit Sauerteig: Der Sauerteig benötigt länger zur Ausreifung als der Grundansatz. Bewahren Sie ihn in einer großen Schüssel (bedeckt mit einem Tuch) im Kühlschrank oder Keller auf, sonst wird er zu sauer. Gegenüber dem Backen mit Grundansatz erhält das Brot einen gröberen und deftigeren Geschmack.

Brötchen: Die Wassermenge entscheidet darüber, wie locker oder kompakt das Gebäck wird. Wenn Sie weniger Wert auf die Form als auf die Duftigkeit und Bekömmlichkeit der Brötchen legen, dann erhöhen Sie die in den Rezepten angegebene Wassermenge etwas. Die Brötchen bekommen dann ein fladenartiges Aussehen.

Nüsse und Mandeln: Mahlen Sie diese frisch und nicht zu fein (am besten mit der Kaffeemühle). Wenn Sie die gemahlenen Nüsse in etwas Öl schwach anrösten, erhöht sich dadurch deren Geschmack.

Mais: Sollte Ihre Mühle keinen Mais mahlen, können Sie statt dessen Maisgrieß verwenden. Dieser ist im Reformhaus erhältlich.

Vanillezucker: Sie können diesen auch selbst herstellen: Füllen Sie eine verschließbare Dose mit Zucker und stecken Sie 2–3 gespaltene, zerkleinerte Vanillestangen hinein. Dieses müssen Sie 1–2 Wochen stehenlassen.

Flüssigkeit: Der Stärkegehalt und die Quellfähigkeit des Getreides schwankt. Deshalb brauchen Sie manchmal mehr Flüssigkeit, als in den Rezepten angegeben. Grundsätzlich sollten Teige aus Vollkornmehl etwas feuchter sein als vergleichbare aus Auszugsmehl.

Abkürzungen

EL	=	Eßlöffel
TL	=	Teelöffel
Msp.	=	Messerspitze
l	=	Liter
ml	=	Milliliter
g	=	Gramm
kg	=	Kilogramm
P.	=	Päckchen
geh.	=	gehäuft
gestr.	=	gestrichen
Pr.	=	Prise
kcal	=	Kilokalorien
ca.	=	circa
°C	=	Grad Celsius
Min.	=	Minuten

Süße Kuchen und Torten

Nußkuchen

ZUBEREITUNGSZEIT: CA. 70 MIN.
ETWA 18 STÜCK
CA. 280 KCAL JE STÜCK

250 g Butter
150 g Zucker
3 geh. EL Honig
4 Eier
400 g Weizen
1 P. Backpulver
etwa ⅛ l Milch
100 g gemahlene Nüsse

1. Die weiche Butter, den Zucker und den Honig in einer Schüssel miteinander verrühren. Die Eier zugeben und gut unterrühren.
2. Den Weizen fein mahlen, mit dem Backpulver mischen und zusammen mit der Milch nach und nach unter die Schaummasse rühren.
3. Die Nüsse zufügen und unterrühren.
4. Den Backofen auf 180° C vorheizen. Eine Kastenform mit Öl einpinseln und mit Semmelbröseln ausstreuen.
5. Den Teig einfüllen und glattstreichen. Etwa 50 Minuten auf unterster Schiene backen.

TIP
Am Ende der Backzeit drücken Sie mit den Fingern leicht auf die Mitte des heißen Kuchens. Dieser ist fertig, wenn seine Mitte kaum mehr nachgibt.

Marmorkuchen

ZUBEREITUNGSZEIT: CA. 70 MIN.
ETWA 18 STÜCK
CA. 290 KCAL JE STÜCK

250 g Butter
150 g Zucker
3 geh. EL Honig
4 Eier
500 g Weizen
1 P. Backpulver
etwa ⅛ l Milch
1 EL Vanillezucker
50 g Kakao
1 EL Honig, 2 EL Milch
2 EL Rum
3 Tropfen Bittermandelöl

1. Die weiche Butter, den Zucker und den Honig in einer Schüssel gut verrühren. Die Eier unterrühren.
2. Den Weizen fein mahlen, mit dem Backpulver mischen und zusammen mit der Milch nach und nach unter die Schaummasse rühren.
3. Den Teig halbieren. Die erste Hälfte mit dem Vanillezucker, die zweite Hälfte mit Kakao, Honig, Milch, Rum und Bittermandelöl verrühren.
4. Den Backofen auf 180° C vorheizen. Eine Kastenform mit Öl einpinseln und mit Semmelbröseln ausstreuen.
5. Zuerst den hellen, dann den dunklen Teig einfüllen und mit einer Gabel spiralförmig durch den Teig kreisen. Teig glattstreichen. Etwa 45–60 Minuten auf unterster Schiene backen.

Fruchtiger Gugelhupf mit Mais

Zubereitungszeit: ca. 90 Min.
etwa 18 Stück
ca. 220 kcal je Stück

125 g Sultaninen
2 EL Rum
200 g Butter
100 g Zucker
3 EL Honig, 4 Eier
je 1 unbehandelte Orange und Zitrone
150 g Mais, 250 g Weizen
1 P. Backpulver
2 EL Zitronensaft
etwa 5 EL Milch

1. Sultaninen mit Rum begießen und zugedeckt etwas durchziehen lassen.
2. Die weiche Butter, den Zucker und den Honig in einer Schüssel miteinander verrühren. Die Eier zugeben und gut unterrühren.
3. Die Orangen- und Zitronenschale abreiben und mit den Sultaninen unterheben.
4. Den Mais und den Weizen fein mahlen, mit dem Backpulver mischen und zusammen mit dem Zitronensaft und der Milch nach und nach unter die Schaummasse rühren.
5. Den Backofen auf 175° C vorheizen. Eine Gugelhupfform mit Öl auspinseln und mit Semmelbröseln ausstreuen.
6. Den Teig einfüllen, glattstreichen und ca. 60 Minuten backen.

Gewürzkuchen mit Kirschen

Zubereitungszeit: ca. 80 Min.
etwa 16 Stück
ca. 280 kcal je Portion

160 g Butter
80 g Zucker
3 EL Honig
3 Eier
je 1 Msp. gemahlene Nelken, Zimt und Muskat
50 g geriebene Nüsse
80 g Schokolade
200 ml Milch
400 g Weizen oder Dinkel
1 P. Backpulver
500 g entsteinte Sauerkirschen

1. Die weiche Butter, den Zucker und den Honig in einer Schüssel miteinander verrühren. Die Eier zugeben und dann anschließend gut unterrühren.
2. Die Gewürze und die Nüsse unter den Teig ziehen.
3. Die Schokolade in der Milch bei geringer Hitze schmelzen lassen und unter den Teig rühren.
4. Das Getreide fein mahlen und mit dem Backpulver mischen. Zum Teig geben und unterrühren.
5. Den Backofen auf 180° C vorheizen. Eine Springform gut fetten.
6. Den Teig einfüllen, glattstreichen und mit den Kirschen belegen. Etwa 60 Minuten auf unterster Schiene backen.

Nußschnitten mit Schokoladensahne

ZUBEREITUNGSZEIT: CA. 60 MIN.
ETWA 20 STÜCK
CA. 240 KCAL JE STÜCK

100 g Butter
3 geh. EL Honig
3 EL Zucker
3 Eier
Saft von 1 Zitrone
1 EL Kirschwasser
80 g Nüsse
400 g Weizen
½ P. Backpulver
125 ml Milch
75 g Kokosfett
3 geh. EL Kakao
2 geh. EL Honig
200 g süße Sahne

1. Die Butter weich rühren. Den Honig, den Zucker und die Eier zugeben und alles schaumig schlagen. Den Zitronensaft und das Kirschwasser unterrühren.
2. Die Nüsse mittelfein, den Weizen fein mahlen. Das Mehl mit dem Backpulver mischen und mit den Nüssen und der Milch zur Schaummasse geben. Den Teig gut verrühren.
3. Den Backofen auf 180° C vorheizen. Ein Backblech mit Backpapier auslegen. Den Teig daraufstreichen und anschließend etwa 30 Minuten backen.
4. Den Teig abkühlen lassen und in längliche Schnitten schneiden.
5. Das Kokosfett bei wenig Hitze zerfließen lassen. Den Kakao und den Honig mit einem Schneebesen gut unterrühren.
6. Die Sahne steif schlagen und auf den Schnitten verstreichen. Kurz vor dem Festwerden die Schokoladenüberzugsmasse auf der Sahne verteilen.

Apfelkuchen mit Baiser

ZUBEREITUNGSZEIT: CA. 60 MIN.
ETWA 16 STÜCK
CA. 160 KCAL JE STÜCK

100 g Butter
50 g Zucker
2 geh. EL Honig
3 Eier
200 g Weizen
2 gestr. TL Backpulver
4 EL Milch
500 g Äpfel
Saft von 1 Zitrone
1 EL Rum
1 EL Honig
1 geh. EL Zucker
1 geh. EL Honig

1. Die weiche Butter, den Zucker und den Honig in einer Schüssel miteinander verrühren.
2. Die Eier trennen, die Eigelbe gut unter den Teig rühren.
3. Den Weizen fein mahlen, mit dem Backpulver mischen und zusammen mit der Milch nach und nach unter die Schaummasse rühren.
4. Eine Springform mit Öl auspinseln und mit Semmelbröseln bestreuen. Den Teig einfüllen und glattstreichen.
5. Die Äpfel schälen und kleinschneiden. Mit dem Zitronensaft, dem Rum und dem Honig mischen und auf dem Teig verteilen.
6. Anschließend etwa 30 Minuten bei 180° C backen.
7. Die Eiweiße zu steifem Schnee schlagen. Den Zucker und den Honig nach und nach unter Rühren zugeben, bis die Masse glatt und glänzend ist.
8. Das Baiser auf dem heißen, gebackenen Kuchen verstreichen und nochmals etwa 5 Minuten bei 225° C überbacken.

TIP
Statt der Äpfel können Sie den Kuchen auch mit Johannisbeeren, Rhabarber oder Zwetschgen zubereiten.

Apfelkuchen mit Zimt und Mandeln

ZUBEREITUNGSZEIT: CA. 50 MIN.
ETWA 20 STÜCK
CA. 235 KCAL JE STÜCK

8 säuerliche Äpfel
2 EL Zitronensaft
5 Eier
150 g Zucker
3 geh. EL Honig
150 g Butter
200 ml Milch
400 g Weizen
1 P. Backpulver
½ TL Zimtpulver
75 g Mandelblättchen

1. Die Äpfel schälen, entkernen und in kleine Stücke schneiden. Mit dem Zitronensaft beträufeln.
2. Die Eier mit dem Zucker und dem Honig schaumig rühren. Die Butter in der Milch bei geringer Hitze schmelzen lassen und unterrühren.
3. Den Weizen fein mahlen und mit dem Backpulver mischen. Das Mehl unterheben.
4. Den Backofen auf 180° C vorheizen. Ein Backblech mit hohem Rand oder eine Fettpfanne mit Öl auspinseln und mit Mehl bestäuben. Den Teig hineingeben und glattstreichen.
5. Die Apfelstücke mit dem Zimt mischen und auf dem Teig verteilen. Mit Mandelblättchen bestreuen. Etwa 30 Minuten backen.

Französischer Apfelkuchen

ZUBEREITUNGSZEIT: CA. 20 MINUTEN
ETWA 12 STÜCK
CA. 150 KCAL JE STÜCK

70 g getrocknete Aprikosen
150 g Weizen
50 g Mandeln
3 EL Öl
2 EL Honig
¼ TL gemahlene Vanille
1 bis 2 EL Wasser
etwa 500 g Äpfel
2 EL Sesamkerne

1. Die Aprikosen waschen, kleinschneiden und etwa 2 Stunden in Wasser einweichen. Anschließend die Aprikosen im Mixer fein pürieren.
2. Den Weizen und die Mandeln fein mahlen und mit dem Öl, dem Honig, der Vanille, dem Wasser zu einem glatten Teig verkneten.
3. Diesen in eine mit Öl eingefettete Spring- oder Pieform von etwa 26 cm Durchmesser füllen und glattstreichen. Die Form für eine halbe Stunde kühl stellen.
4. Die Äpfel schälen, entkernen und achteln.
5. Den Tortenboden mit dem Aprikosenmus bestreichen, dicht mit den Apfelscheiben belegen und mit den Sesamkernen bestreuen.
6. Auf der mittleren Leiste in den kalten Backofen schieben und bei 200° C 30 bis 35 Minuten backen.

Aprikosenkuchen

ZUBEREITUNGSZEIT: CA. 60 MIN.
ETWA 16 STÜCK
CA. 205 KCAL JE STÜCK

150 g Margarine
2 Eier
Mark von ½ Vanilleschote
1 Pr. Salz
300 g Weizenmehl Type 1050
50 g Stärkemehl
1 geh. TL Backpulver
2 cl Apricot Brandy
gut ⅛ l Aprikosensaft
1 Eiweiß
500 g Aprikosen im Glas
⅛ l Aprikosensaft
⅛ l Weißwein
1 P. Tortengußpulver

1. Die Margarine cremig rühren. Die Eier, das Vanillemark und das Salz darunterrühren, bis eine schaumige Masse entsteht.
2. Das Mehl mit dem Stärkemehl und mit dem Backpulver mischen und durchsieben. Diese Mischung zusammen mit dem Apricot Brandy und dem Aprikosensaft unter die Schaummasse rühren.
3. Das Eiweiß steif schlagen und unter den Teig heben. Den Teig in eine ausgefettete, mit Paniermehl ausgestreute Springform füllen und den Kuchen bei 160° C etwa 40 Minuten backen. Ihn danach mit einem Tuch zugedeckt auskühlen lassen.
4. Die abgetropften Aprikosen auf den Kuchen legen. Das Tortengußpulver in den Aprikosensaft und den Wein einstreuen, glattrühren und die Flüssigkeit kurz aufkochen lassen. Anschließend den Tortenguß auf dem Kuchen verteilen.

Schlupfkuchen mit Äpfeln oder Kirschen

Zubereitungszeit: ca. 50 Min.
etwa 16 Stück
ca. 250 kcal je Stück

200 g Butter
100 g Zucker
3 geh. EL Honig
1 EL Vanillezucker
Saft von ½ Zitrone
375 g Weizen
¾ P. Backpulver
ca. 6 EL Milch, 3 Eier
etwa 750 g Äpfel oder 500 g entsteinte Sauerkirschen

1. Die weiche Butter, den Zucker und den Honig in einer Schüssel miteinander verrühren. Die Eier zugeben, zusammen mit dem Zitronensaft und dem Vanillezucker unterrühren.
2. Den Weizen fein mahlen, mit dem Backpulver mischen und zusammen mit der Milch nach und nach unter die Schaummasse rühren.
3. Den Backofen auf 180° C vorheizen. Eine Springform mit Öl auspinseln und mit Semmelbröseln bestreuen. Den Teig einfüllen und glattstreichen.
4. Die Äpfel schälen, achteln und entkernen. Die Apfelspalten 2mal längs mit einem Messer einritzen und den Teig damit belegen. Im Falle der Kirschen den Teig damit belegen.
5. Etwa 40 Minuten auf mittlerer Schiene backen.

Bananen-Schokoladen-Kuchen

Zubereitungszeit: ca. 50 Min.
etwa 16 Stück
ca. 160 kcal je Stück

50 g Butter
1 ½ EL Zucker
1 ½ EL Honig
1 Ei
200 g Weizen
3 TL Backpulver
7 EL Milch
200 g süße Sahne
3 Bananen
1 EL Zitronensaft
50 g Schokolade
1 EL süße Sahne

1. Die weiche Butter, den Zucker, den Honig und das Ei in einer Schüssel schaumig rühren.
2. Den Weizen fein mahlen, mit dem Backpulver mischen und zusammen mit der Milch nach und nach unter die Schaummasse rühren.
3. Den Backofen auf 175° C vorheizen. Eine Tortenbodenform mit etwas Öl einpinseln und mit Semmelbröseln ausstreuen.
4. Den Teig einfüllen, glattstreichen und ca. 20 Minuten auf mittlerer Schiene backen. Den Tortenboden herausnehmen, etwas abkühlen lassen und aus der Form stürzen.
5. Die Sahne steif schlagen. Die Bananen schälen und längs und quer halbieren. Mit Zitronensaft beträufeln.

6. Die Schokolade mit der Sahne bei geringer Hitze schmelzen.
7. Den Kuchen mit der Sahne bestreichen, die Bananen hübsch darauf anrichten und sie mit der geschmolzenen Schokolade überziehen.

Pfirsich- oder Aprikosenkuchen mit Biskuitüberzug

ZUBEREITUNGSZEIT: CA. 60 MIN.
ETWA 16 STÜCK
CA. 160 KCAL JE STÜCK

500 g Pfirsiche oder Aprikosen
100 g Butter
50 g Zucker
2 geh. EL Honig
2 Eier
225 g Weizen
2 gestr. TL Backpulver
3 EL Milch
3 Eier
1 EL Zucker
1 geh. EL Honig

1. Die Pfirsiche oder Aprikosen mit kochendem Wasser brühen, kalt abschrecken und enthäuten. Obst in Spalten schneiden.
2. Die weiche Butter, den Zucker und den Honig in einer Schüssel miteinander verrühren. Die Eier zugeben und gut unterrühren.
3. Den Weizen fein mahlen, 1 Eßlöffel beiseite stellen und den Rest mit dem Backpulver mischen. Zusammen mit der Milch nach und nach unter die Schaummasse rühren.
4. Eine Springform mit Öl auspinseln. Den Teig einfüllen, glattstreichen und mit den Früchten belegen. Etwa 30 Minuten bei 180° C backen.
5. Für den Biskuitüberzug die Eier trennen. Die Eiweiße steif schlagen. Den Zucker und den Honig langsam zufügen. Die Eigelbe unter Rühren zugeben.
6. Den zurückgelegten Weizen unter den Eischnee heben.
8. Am Ende der Backzeit den Biskuit auf dem heißen Kuchen verstreichen und diesen nochmals 15 Minuten weiterbacken.

Möhrentorte

ZUBEREITUNGSZEIT: CA. 60 MIN.
ETWA 16 STÜCK
CA. 180 KCAL JE STÜCK

5 Eier
120 g Honig
je 1 Msp. gemahlene Nelken und Zimt
2 EL Kirschwasser
250 g Möhren
250 g Haselnüsse
80 g Weizen
½ TL Backpulver
Saft von ½ Zitrone

1. Die Eier trennen. Die Eigelbe und den Honig zusammen mit den Nelken, dem Zimt und dem Kirschwasser schaumig schlagen.
2. Den Backofen auf 180 bis 200° C vorheizen. Die geputzten, gewaschenen Möhren und die Haselnüsse fein reiben. Den Weizen fein mahlen und mit dem Backpulver mischen. Mit den Möhren und den Haselnüssen zur Eimasse geben.
3. Die Eiweiße steif schlagen und locker unter die Eigelbmasse heben. Den Teig in eine mit Butter ausgefettete Springform geben.
4. Die Torte etwa 40 Minuten backen und anschließend mit dem Zitronensaft tränken.

Vollkorn-Nuß-Kuchen

ZUBEREITUNGSZEIT: CA. 75 MIN.
ETWA 18 STÜCK
CA. 280 KCAL JE STÜCK

250 g Butter
200 g Honig
1 Pr. Salz
4 Eier
250 g Weizen
½ TL Backpulver
200 g gemahlene Haselnüsse
2 EL Kakao

1. Den Backofen auf 175° C vorheizen. Die Butter mit dem Honig und dem Salz schaumig schlagen, nach und nach die Eier dazugeben.
2. Den Weizen fein mahlen und mit dem Backpulver und den Nüssen mischen. Unter die Buttermasse ziehen. Den Kakao unterrühren.
3. Den Teig in eine gefettete Kastenform füllen und etwa 60 Minuten backen.

TIP

Backen Sie diesen Kuchen schon 2 bis 3 Tage vor dem Servieren. Erst nach einiger Zeit entfaltet er sein volles Aroma.

Quarkkuchen mit Dörrpflaumen

Zubereitungszeit: ca. 70 Min.
etwa 16 Stück
ca. 200 kcal je Stück

15 Dörrpflaumen ohne Stein
200 ml schwarzer Tee
250 g Quark, 20 % Fett i.Tr.
2 EL Honig
1 unbehandelte Zitrone
3 Blatt weiße Gelatine
200 g Sahne
100 g Johannisbeergelee
80 g Butter
4 EL brauner Rohrzucker
200 g Hirseflocken
1 Eiweiß

1. Die Dörrpflaumen über Nacht in dem Tee quellen lassen. Am nächsten Tag für den Boden die Butter bei milder Hitze schmelzen lassen und mit dem Zucker und den Hirseflocken mischen. Die Masse vollständig erkalten lassen. Den Backofen auf 200° C vorheizen.
2. Das Eiweiß unter die Hirseflockenmasse rühren. Diese auf dem Boden der mit Backtrennpapier ausgelegten Springform verteilen und im Ofen auf der mittleren Schiene etwa 10 Minuten backen. Dann kurz abkühlen lassen, das Backpapier abziehen und den Boden auf einem Kuchengitter auskühlen lassen.
3. Inzwischen für den Belag den Quark mit dem Honig glattrühren. Die Zitronenschale abreiben und den -saft auspressen. Beides dazugeben und darunterrühren.
4. Die Gelatine in Wasser einweichen und bei milder Hitze auflösen. Unter die Quarkmasse rühren. Die Sahne steif schlagen und vorsichtig mit einem Kochlöffel darunterziehen.
5. Den Boden wieder in die gesäuberte Springform legen. 2 Eßlöffel des Johannisbeergelees darauf streichen. Die Quarkmasse darauf geben und glattstreichen. Die Pflaumen abtropfen lassen und auf der Quarkcreme verteilen. Den Kuchen für 2 bis 3 Stunden zugedeckt in den Kühlschrank stellen.
6. Das Gelee erwärmen und auf dem Belag verteilen.

Vollkorngewürzkuchen

Zubereitungszeit: ca. 60 Min.
etwa 18 Stück
ca. 280 kcal je Stück

200 g Butter
175 g Honig
4 Eigelb
150 g Haselnüsse
2 TL Lebkuchengewürz
Mark von 2 Vanilleschoten
2 TL Kakao
1 TL Backpulver
200 g Weizen
50 g Rosinen
4 Eiweiß
¼ TL Salz
¼ l Sahne
Honig nach Geschmack

1. Die Butter schaumig rühren und den Honig löffelweise dazugeben. Die Eigelbe dann nach und nach unterrühren.
2. Den Backofen auf 175° C vorheizen. Die Haselnüsse grob raspeln. Den Weizen fein mahlen. Das Gewürz und das Vanillemark mit dem Kakao und dem Backpulver unter das Mehl mischen und zusammen mit den Nüssen und den Rosinen unter die Buttermasse rühren.
3. Die Eiweiße mit dem Salz zu sehr steifem Schnee schlagen und locker unter den Teig heben.
4. Eine Kastenform ausfetten und mit etwas Mehl ausstreuen. Den Teig hineinfüllen und 30 bis 35 Minuten backen.
5. Den Kuchen auskühlen lassen. Die Sahne steif schlagen, nach Belieben mit dem Honig süßen und zum Kuchen reichen.

Johannisbeerkuchen mit Baiser

ZUBEREITUNGSZEIT: CA. 60 MIN.
ETWA 16 STÜCK
CA. 190 KCAL JE STÜCK

250 g Weizen
2 Eigelb, 125 g Butter
1 geh. EL Honig
1 geh. EL Zucker
1 EL Rum, 1 Pr. Salz
750 g Johannisbeeren
3 Eiweiß, 1 EL Öl
1 geh. EL Zucker
1 geh. EL Honig
50 g gemahlene Mandeln
1 EL Semmelbrösel

1. Den Weizen fein mahlen. Das Mehl, die Butter, die Eigelbe, den Honig, den Zucker, den Rum und das Salz zu einem Mürbeteig verkneten und diesen etwa 1 Stunde kühl stellen.
2. Den Boden einer Springform ausfetten. Den Teig ausrollen und den Boden damit belegen. Etwa 30 Minuten bei 225° C backen.
3. Die Johannisbeeren waschen, entstielen und gut abtropfen lassen.
4. Für das Baiser das Eiweiß steif schlagen. Den Zucker und den Honig unterrühren. Die Mandeln unterheben.
5. Den heißen Tortenboden mit Öl einpinseln und mit Semmelbröseln bestreuen. Die Beeren darauf verteilen. Das Baiser darübergeben und glattstreichen. 5 Minuten überbacken.

Heidelbeerkuchen

ZUBEREITUNGSZEIT: CA. 70 MIN.
ETWA 16 STÜCK
CA. 250 KCAL JE STÜCK

250 g Weizen
80 g Honig
1 Pr. Salz
2 Eigelb
125 g Butter
500 g Heidelbeeren
4 Eiweiß
150 g Honig
150 g geriebene Nüsse

1. Den Weizen fein mahlen. Das Mehl mit dem Honig, dem Salz, den Eigelben und der kalten Butter rasch verkneten und den Teig für mindestens 30 Minuten kühl stellen.
2. Den Backofen auf 200° C vorheizen. Den Mürbeteig in eine gefettete, mit Mehl ausgestreute Springform drücken und einen 2 cm hohen Rand formen.
3. Die Heidelbeeren waschen, abtropfen lassen. Die Eiweiße zu steifem Schnee schlagen. Mit dem Honig und den Nüssen mischen.
4. Die Hälfte der Eiweißmasse mit den Heidelbeeren leicht vermengen, auf den Teigboden geben und den Rest der Nußmasse darüber verteilen. Den Kuchen 45 bis 50 Minuten backen.

Rhabarberkuchen mit Quarkguß

ZUBEREITUNGSZEIT: CA. 90 MIN.
ETWA 16 STÜCK
CA. 190 KCAL JE STÜCK

250 g Weizen
2 gestr. TL Backpulver
125 g Butter
2 EL Zucker
1 geh. EL Honig
1 Ei
500 g Rhabarber
2 geh. El Honig
50 g Rosinen
2 Eier
3 EL Zucker
250 g Quark
1 P. Vanillezucker

1. Den Weizen fein mahlen und mit dem Backpulver mischen. Das Mehl, die Butter, den Zucker, den Honig und das Ei zu einem Mürbeteig verkneten.
2. Eine Springform ausfetten. Den Boden mit ¾ des Teiges auslegen und mit einer Gabel etwas einstechen. 15–20 Minuten bei 200° C backen.
3. Den Rhabarber schälen und dann in viele kleine und schmale Stückchen schneiden. Mit dem Honig und den Rosinen mischen.
4. Den Rhabarber auf dem etwas ausgekühlten Tortenboden verteilen. Den restlichen Teig als Tortenrand andrücken und den Kuchen weitere 20 Minuten backen.
5. Die Eier trennen. Die Eigelbe mit dem Zucker schaumig rühren und den Quark unterheben. Die Eiweiße steif schlagen, den Vanillezucker unter Rühren zugeben. Den Eischnee unter die Quarkmasse heben.
6. Den Quarkguß über dem Kuchen verteilen und diesen nochmals 20 Minuten backen.

Käsekuchen

ZUBEREITUNGSZEIT: CA. 80 MIN.
ETWA 18 STÜCK
CA. 400 KCAL JE STÜCK

400 g Weizen
1 P. Backpulver
150 g Zucker
250 g Butter
2 Eier
1 kg Quark
150 g Zucker
125 ml Speiseöl
125 g süße Sahne
125 ml Milch
4 Eier
1 P. Vanillepuddingpulver (zum Kochen)

1. Den Weizen fein mahlen und mit dem Backpulver mischen. Das Mehl, den Zucker, die Butter und die Eier zu einem Mürbeteig verkneten und diesen etwa 1 Stunde kühl stellen.

2. Für den Belag den Quark, den Zucker, das Öl, die Sahne und die Milch gut verrühren. Nach und nach die Eier und das Puddingpulver unterrühren.
3. Den Backofen auf 180° C vorheizen. Ein Backblech mit einem hohen Rand oder eine Fettpfanne gut ausfetten.
4. Den Mürbeteig ausrollen und das Backblech damit auslegen. Die Quarkmasse darauf verteilen und den Kuchen ca. 1 Stunde auf unterster Schiene backen.

TIP

Sie können die Quarkmasse auch noch mit Obststückchen (Aprikosen, Sauerkirschen etc.) belegen.

Mandelkuchen

ZUBEREITUNGSZEIT: CA. 50 MIN.
ETWA 16 STÜCK
CA. 280 KCAL JE STÜCK

225 g Weizen oder Dinkel
½ P. Backpulver
100 g Zucker
100 g Butter
1 Ei
2 EL Milch
100 g Butter
50 g Zucker
2 EL Honig
1 EL Vanillezucker
4 EL Wasser
200 g gemahlene Mandeln

1. Das Getreide fein mahlen und mit dem Backpulver mischen. Das Mehl, den Zucker, die Butter, das Ei und die Milch zu einem Mürbeteig verkneten und diesen etwa 1 Stunde kühl stellen.
2. Für den Belag die Butter, den Zucker, den Honig, den Vanillezucker und das Wasser verrühren und aufkochen lassen. Die Mandeln unterrühren und die Masse abkühlen lassen.
3. Den Backofen auf 180° C vorheizen. Den Boden einer Springform ausfetten.
4. Den Mürbeteig ausrollen und den Boden der Springform damit belegen. Den Belag darauf verteilen und glattstreichen. Den Kuchen ca. 25 Minuten backen.

Birnen-Quark-Kuchen

ZUBEREITZUNGSZEIT: CA. 70 MIN.
ETWA 16 STÜCK
CA. 175 KCAL JE STÜCK

½ mittelgroße Birne (ca. 80 g)
150 g Grahammehl Type 1700
50 g Weizenmehl Type 1050
1 geh. TL Backpulver
1 Ei
80 g Margarine oder Butter
ca. 75 ml Birnensaft
8 Blatt weiße Gelatine
500 g Birnen
1 kg Magerquark
4 cl Birnengeist
50 g Zucker
Saft von ½ Zitrone
¼ l Birnensaft
50 g Mandelblättchen

1. Die halbe Birne kleinschneiden und in wenig Wasser dünsten. Anschließend fein pürieren. Die Mehlsorten mit dem Backpulver mischen und zusammen mit dem Birnenpüree, dem Ei und der Margarine oder der Butter in eine Schüssel geben.
2. Alles unter langsamer Zugabe des Birnensaftes zu einem geschmeidigen Teig verkneten. Eine Kugel formen und sie mindestens 1 Stunde im Kühlschrank ruhen lassen.
3. Den Teig ausrollen und eine ausgefettete, mit Paniermehl ausgestreute Springform damit auskleiden. Der Rand sollte gut 2 cm hoch sein. Einen entsprechend breiten Streifen Alufolie zurechtschneiden und an den Teigrand drücken.
4. Den Boden mit einer Gabel mehrmals einstechen und bei 175° C etwa 25 Minuten backen. Anschließend sofort die Alufolie entfernen, den Kuchen auf einem Gitter auskühlen lassen.
5. Inzwischen die Gelatine in kaltem Wasser quellen lassen. Die Birnen waschen, schälen, halbieren und die Kerngehäuse entfernen. Die Birnenhälften in wenig Wasser dünsten. Sie sollten noch bißfest sein.
6. Den Quark mit dem Birnengeist, dem Zucker und dem Zitronensaft glattrühren. Die Gelatine gut ausdrücken, in dem erwärmten Birnensaft auflösen und unter die Quarkmasse rühren.
7. Sobald die Masse steif zu werden beginnt, die Hälfte der Birnen auf den Kuchenboden legen und die Quarkmasse darüberstreichen. Es soll eine Kuppel entstehen. Die restlichen Birnenhälften so in die Quarkmasse drücken, daß sie eine Sternform ergeben. Den Birnen-Quark-Kuchen kalt stellen.
8. Die Mandelblättchen in einer Pfanne ohne Öl bräunen. Den Kuchenrand damit bestreuen.

Gitter-Apfelkuchen

Zubereitungszeit: ca. 60 Min.
etwa 16 Stück
ca. 180 kcal je Stück

300 g Weizenmehl Type 1050
1 geh. TL Backpulver
80 g Margarine oder Butter
1 Pr. Salz, 1/4 l Milch
1 1/2 kg Äpfel
1 EL Zitronensaft
Mark von 1 Vanilleschote
1 TL Zimt, 50 g Rosinen
50 g gehackte Mandeln
2 EL Paniermehl

1. Das Mehl mit dem Backpulver mischen. Margarine oder Butter, Salz und Milch dazugeben und alles zu einem glatten Teig verkneten.
2. Die Äpfel waschen, schälen, vierteln, das Kerngehäuse entfernen und die Äpfel grob raspeln. In einem Topf kurz aufkochen lassen und Zitronensaft, Vanillemark, Zimt, Rosinen und Mandeln daruntermischen.
3. Dann 3/4 des Teiges mit bemehlten Händen in eine ausgefettete, mit Paniermehl ausgestreute Springform drücken. Den Teigboden mit dem Paniermehl bestreuen. Darauf die Apfelfüllung geben. Den restlichen Teig zu langen, 1,5 cm breiten Teigstreifen formen und damit ein Gitter auf den Kuchen legen.
4. Den Apfelkuchen bei 180° C etwa 40 Minuten backen.

Gedeckter Apfelkuchen

Zubereitungszeit: ca. 60 Min.
etwa 16 Stück
ca. 250 kcal je Stück

250 g Weizen, 1 Pr. Salz
100 g gemahlene Nüsse
100 g Honig
1 TL Backpulver
1 Ei, 150 g Butter
1 kg Äpfel, 100 g Quark
1 unbehandelte Zitrone
50 g eingeweichte Rosinen
2 EL Honig, 1 Eigelb

1. Den Weizen fein mahlen. Das Mehl mit dem Honig, dem Salz, dem Backpulver, dem Ei, der Hälfte der Nüsse und der kalten Butter sehr gut verkneten. Den Teig 30 Minuten kalt stellen.
2. Den Backofen auf 200° C vorheizen. 2/3 des Teiges ausrollen und in eine gefettete Springform geben. Einen 3 cm hohen Rand andrücken.
3. Die Äpfel waschen, nicht schälen, vierteln, vom Kerngehäuse befreien und fein raspeln. Mit dem Quark, Zitronensaft, Rosinen, Honig, den restlichen Haselnüssen mischen. Die Apfelmasse auf dem Teig verteilen.
4. Den restlichen Teig ausrollen, den Apfelkuchen damit abdecken und mit Eigelb bestreichen. Mit einer Fleischgabel gitterförmige Verzierungen in die Teigdecke ritzen und den Kuchen etwa 40 Minuten backen.

Aprikosen-Mandel-Kuchen

ZUBEREITUNGSZEIT: CA. 75 MIN.
ETWA 16 STÜCK
CA. 240 KCAL JE STÜCK

100 g Weizenvollkornmehl
100 g Dinkelvollkornmehl
½ TL Salz
1 TL Zucker
100 ml Distelöl
500 g Aprikosen
3 Eier
3 EL Zucker
½ TL Vanillemark
1 EL Speisestärke
50 g Hirseflocken
abgeriebene Schale von 1 Zitrone
100 g gemahlene Mandeln
200 g Sahne
getrocknete weiße Bohnen

1. Den Backofen auf 180° C vorheizen. Für den Teig die beiden Mehlsorten mit Salz und Zucker mischen. Das Öl und etwa 3 Eßlöffel Wasser dazugießen und alles zu einem Teig verkneten. Falls der Teig zu trocken ist, noch etwas Wasser dazugeben.
2. Die Springform mit Backtrennpapier auslegen. Den Teig auf einer leicht bemehlten Arbeitsfläche ausrollen, in die Form legen und ringsherum einen etwa 4 cm hohen Rand hochziehen. Den Teig mit einer Gabel mehrmals einstechen, mit Backtrennpapier abdecken und mit getrockneten weißen Bohnen beschweren.
3. Den Boden im Ofen auf der mittleren Schiene etwa 10 Minuten backen. Dann aus dem Ofen nehmen, Bohnen und oberes Backpapier entfernen.
4. In der Zwischenzeit für den Belag die gewaschenen Aprikosen halbieren und entsteinen. Die Eier trennen. Die Eigelbe mit Zucker, Vanillemark, Speisestärke, der Zitronenschale und Hirseflocken verrühren. Die Mandeln und die Sahne daruntermischen.
5. Den vorgebackenen Boden mit den Aprikosenhälften belegen. Die Eiweiße steifschlagen, unter die Eiercreme heben und den Guß über die Aprikosen geben. Den Kuchen nochmals etwa 40 Minuten auf der zweiten Schiene von unten backen.

Vollkornapfelkuchen

Zubereitungszeit: ca. 60 Min.
etwa 16 Stück
ca. 210 kcal je Stück

125 g Butter
75 g Akazienhonig
250 g feines Dinkelvollkornmehl
1 Pr. Salz
3 bis 4 EL Weißwein
1 kg Äpfel
2 Eier
125 g Sahne
abgeriebene Schale von
1 unbehandelten Zitrone
Mark von 1 Vanilleschote
2 EL Honig
1 Msp. Zimtpulver

1. Die Butter mit dem Honig schaumig rühren. Das Mehl, das Salz und den Wein abwechselnd in die Buttermischung rühren. Den Teig gut durchkneten und 60 Minuten kühl stellen.
2. Den Backofen auf 225° C vorheizen. Eine gefettete Springform von 28 cm Durchmesser mit dem Teig auslegen, anschließend am Rand etwa 3 cm hochdrücken.
3. Die Äpfel waschen, vierteln und das Kerngehäuse entfernen. Die Äpfel an den Rundungen einritzen und mit der Rundung nach oben auf den Tortenboden setzen. Den Kuchen etwa 30 Minuten backen.
4. Inzwischen die Eier trennen, die Eigelbe mit der Sahne, der Zitronenschale und dem Vanillemark schaumig rühren.
5. Die Eiweiße steif schlagen, den Honig und den Zimt unterheben, beides unter die Eigelbmasse ziehen. Über die Äpfel verteilen und den Kuchen nochmals etwa 10 Minuten bei 180° C backen.

Variation

Statt der Sahne können Sie für den Guß die gleiche Menge Quark verwenden. Anstelle der Äpfel können Aprikosen genommen werden.

Linzer Torte

ZUBEREITUNGSZEIT: CA. 60 MIN.
ETWA 16 STÜCK
CA. 220 KCAL JE STÜCK

100 g Akazienhonig
125 g Butter
1 großes Ei, 1 EL Zimt
1 Msp. Nelken
abgeriebene Schale von
½ unbehandelten Zitrone
2 EL Kirschwasser
125 g fein geriebene Haselnüsse
1 TL Backpulver
300 g Weizen
100 g Himbeermarmelade
1 Eigelb

1. Den Honig, die Butter und das Ei schaumig rühren. Die Gewürze, das Kirschwasser und die Haselnüsse dazugeben. Den Weizen fein mahlen und mit dem Backpulver mischen. Das Mehl unterkneten. Den Teig ca. 30 Minuten in den Kühlschrank stellen.
2. Den Backofen auf 200° C vorheizen. ⅔ des Teiges ausrollen und in eine gefettete Springform legen. Den restlichen Teig zu einer 3–4 mm dicken Platte ausrollen und kühl stellen.
3. Den Boden mit Marmelade bestreichen. Aus der gekühlten Teigplatte mit einem Rädchen Streifen schneiden und einen Rand formen. Die Streifen wie ein Gitter auf die Torte legen und mit Eigelb bepinseln. Die Torte 30 bis 40 Minuten backen.

Biskuitboden zum Belegen oder Füllen

ZUBEREITUNGSZEIT: CA. 40 MIN.
ETWA 16 STÜCK
CA. 115 KCAL JE STÜCK

5 Eier
100 g Zucker
3 geh. EL Honig
Saft von 1 Zitrone
170 g Weizen
80 g Speisestärke
2 gestr. TL Backpulver

1. Die Eier trennen. Die Eiweiße steif schlagen. Unter Rühren nach und nach den Zucker, den Honig und den Zitronensaft zufügen. Die Eigelbe unterrühren.
2. Den Weizen sehr fein mahlen. Mit der Speisestärke und dem Backpulver mischen. Das Mehl über die Eiermasse sieben und unterheben.
3. Eine Springform mit Öl auspinseln und mit Semmelbröseln bestreuen. Den Teig einfüllen, glattstreichen und dann etwa 15 Minuten bei 225° C backen.

TIP

Die Teigmenge ist so berechnet, daß Sie den fertigen Tortenboden einmal quer durchschneiden können. Ganz nach Belieben können Sie die Böden dann füllen oder belegen. Sollten Sie nur einen Boden benötigen, so frieren Sie den anderen ein.

Kirschtorte

ZUBEREITUNGSZEIT: CA. 60 MIN.
ETWA 16 STÜCK
CA. 175 KCAL JE STÜCK

4 Eier
2 geh. EL Honig
1 P. Vanillezucker
3 Tropfen Bittermandelöl
½ TL Zimtpulver
1 geh. EL Zucker
100 g Weizen
2 EL Speisestärke
1 gestr. EL Kakaopulver
1 TL Backpulver
1 Glas Sauerkirschen
2 EL Zucker
1 EL Speisestärke
1 EL Kirschwasser
400 g süße Sahne, Kirschen
1 EL Honig, Mandelblättchen

1. Die Eier trennen. Die Eigelbe mit 2 Eßlöffeln Wasser schaumig schlagen. Den Honig, die Hälfte des Vanillezuckers, das Bittermandelöl und den Zimt anschließend zugeben und dann unterrühren.
2. Die Eiweiße steif schlagen, unter Rühren den Zucker zugeben. Den Eischnee unter die Schaummasse heben.
3. Den Weizen sehr fein mahlen und mit der Speisestärke, dem Kakao und dem Backpulver mischen. Das Mehl über die Eiermasse sieben und unterheben.
4. Den Backofen auf 175° C vorheizen. Eine Springform mit Backpapier auslegen und den Teig einfüllen. Etwa 30 Minuten auf unterster Schiene backen und danach gut auskühlen lassen. Den Tortenboden stürzen und das Backpapier abziehen.
5. Die Kirschen gut abtropfen lassen, den Saft dabei auffangen.
6. ⅛ l Kirschsaft mit dem Zucker aufkochen. Die Speisestärke mit 3 EL Wasser verrühren und unter Rühren zum kochenden Saft geben. Das Kirschwasser und die Kirschen unterrühren und alles abkühlen lassen.
7. Die Sahne mit dem restlichen Vanillezucker und dem Honig steif schlagen.
8. Den Tortenboden einmal quer halbieren. Die Kirschmasse auf dem unteren Boden verteilen. Die Hälfte der Sahne darauf verstreichen und den oberen Boden aufsetzen. Die Torte oben und am Rand mit der restlichen Sahne bestreichen und nach Belieben mit Kirschen oder Mandelblättchen verzieren.

Schoko-Sahne-Torte

ZUBEREITUNGSZEIT: CA. 75 MIN.
ETWA 16 STÜCK
CA. 220 KCAL JE STÜCK

400 g süße Sahne
2 geh. EL Honig
30 g Kokosfett
1 geh. EL Kakaopulver
4 Eier
1 P. Vanillezucker
3 geh. EL Zucker
2 geh. EL Honig
1 geh. EL Zucker
180 g Weizen
80 g Speisestärke
½ P. Backpulver
100 g Himbeermarmelade
1 P. Vanillezucker

1. Am Vortag die Sahne erhitzen. Den Honig, das Kokosfett und den Kakao zugeben und alles unter Rühren aufkochen lassen. Die Masse abkühlen und über Nacht im Kühlschrank erkalten lassen.
2. Für den Biskuitboden die Eier trennen. Die Eigelbe mit 4 Eßlöffeln Wasser, dem Vanillezucker, dem Zucker und dem Honig schaumig rühren, bis eine cremige Masse entsteht.
3. Die Eiweiße steif schlagen, unter Rühren den Zucker zugeben. Den Eischnee unter die Schaummasse heben.
4. Den Weizen sehr fein mahlen und mit der Speisestärke und dem Backpulver mischen. Das Mehl über die Eiermasse sieben und unterheben.
5. Den Backofen auf 175° C vorheizen. Den Boden einer Springform mit Backpapier auslegen. Den Teig einfüllen und etwa 30 Minuten auf unterster Schiene backen. Auskühlen lassen, den Tortenboden stürzen und das Backpapier abziehen.
6. Den Boden 2mal quer durchschneiden. Den untersten Boden mit der Himbeermarmelade bestreichen, den mittleren Boden daraufsetzen.
7. Die gekühlte Schokosahne steif schlagen, den Vanillezucker dabei unterrühren. Die Hälfte der Masse auf dem mittleren Boden verstreichen. Den oberen Boden daraufsetzen und mit der restlichen Sahne verzieren. Die Torte kühl stellen und etwas durchziehen lassen.

Vollkornbiskuitroulade

ZUBEREITUNGSZEIT: CA. 45 MIN.
ETWA 16 STÜCK
CA. 160 KCAL JE STÜCK

3 Eier
3 EL warmes Wasser
3 EL Honig
Mark von 1/4 Vanilleschote
1 EL Kirschwasser nach Belieben
100 g Weizen
abgeriebene Schale von 1/2 unbehandelten Zitrone
1/2 TL Backpulver
etwas Vollkornsemmelbrösel
100 g ungeschwefelte Trockenfrüchte, eingeweicht in 50 ml Orangensaft
100 g geriebene Nüsse
150 g Sahne
1 EL Honig
Mark von 1/2 Vanilleschote
etwas abgeriebene Schale von 1 unbehandelten Orange
50 g Aprikosenkonfitüre
20 g grob gehackte Nüsse

1. Den Backofen auf 180° C vorheizen. Die Eier trennen. Die Eigelbe mit dem Wasser, 1 Eßlöffel Honig, dem Vanillemark und dem Kirschwasser etwa 10 Minuten schaumig schlagen.
2. Die Eiweiße steif schlagen. Mit dem restlichen Honig mischen und vorsichtig unter die Eigelbe heben.
3. Den Weizen sehr fein mahlen. Das Mehl mit der Zitronenschale und dem Backpulver mischen. Vorsichtig unter den Teig heben.
4. Die Biskuitmasse auf ein mit Pergamentpapier belegtes Backblech streichen und in 12 bis 15 Minuten nicht zu kroß backen.
5. Die Teigplatte auf ein mit Vollkornsemmelbröseln ausgelegtes Tuch geben, das Pergamentpapier mit kaltem Wasser betupfen und abziehen. Die noch heiße Platte mit Hilfe des Tuches von der breiten Seite her aufrollen.
6. Die Trockenfrüchte mit den Nüssen mischen. Die Sahne steif schlagen, mit dem Honig süßen, das Vanillemark und die Orangenschale dazugeben. Etwas Sahne zum Verzieren beiseite stellen. Die restliche Sahne und die Trockenobstmasse vorsichtig mischen.
7. Die Konfitüre erwärmen. Die Biskuitrolle wieder vorsichtig aufrollen, erst die Konfitüre, danach die Füllung daraufstreichen und die Platte wieder zusammenrollen. Die restliche Sahne auf die Rolle streichen und mit den grob gehackten Nüssen bestreuen.

Apfelstrudel

ZUBEREITUNGSZEIT: CA. 70 MIN.
ETWA 12 STÜCK
CA. 160 KCAL JE STÜCK

250 g feines Dinkelvollkornmehl
½ TL Salz
4 EL Öl
10 EL Wasser
1,5 kg Äpfel
100 g Rosinen
50 g gehackte Mandeln
1 TL Zimt
Saft von ½ Zitrone
2 EL Honig
250 g Quark, gut ausgedrückt
4 EL Butter

1. Das Mehl auf ein Backbrett sieben, in die Mitte eine Vertiefung drücken. Das Salz hineingeben, Öl und Wasser löffelweise dazugeben, dabei gleichzeitig mit einer Gabel alle Zutaten gut von innen nach außen vermengen.
2. Die Zutaten mit den Händen zu einem geschmeidigen Teig verkneten, er muß zum Schluß ganz glatt sein. 60 Minuten unter einer umgestülpten und angewärmten Schüssel ruhen lassen.
3. Den Backofen auf 190° C vorheizen. Die Äpfel waschen, vierteln, das Kerngehäuse entfernen und die Früchte fein raspeln oder schneiden. Die Rosinen waschen. Die Äpfel, die Rosinen und die Mandeln mit dem Zimt, dem Zitronensaft und dem Honig mischen.
4. Den Teig ausrollen oder über den Handrücken ausziehen, er sollte ganz dünn sein, auf ein Tuch legen. Mit flüssiger Butter bestreichen, den Quark gleichmäßig darübergeben und die Füllung darauf verteilen.
5. Den Strudel aufrollen und auf ein gefettetes Blech legen, mit Butter bestreichen und 40 bis 45 Minuten backen.
6. Den warmen Apfelstrudel mit Vanillesauce servieren.

Obst-Streusel-Kuchen

ZUBEREITUNGSZEIT: CA. 60 MIN.
ETWA 16 STÜCK
CA. 140 KCAL JE STÜCK

300 g Weizen
20 g frische Hefe
1 TL Honig
4 EL Milch
40 g Butter
1 Ei
1 Pr. Salz
1 gestr. TL Zucker
1 gestr. EL Honig
750 g Obst (nach Belieben)
2 EL Speisestärke
1 Msp. Zimtpulver
1 geh. EL Honig
1 EL Zucker
2 EL Öl

1. Den Weizen fein mahlen. 3 EL davon für die Streusel beiseite legen, das restliche Mehl in eine Schüssel geben. Die Hefe mit dem Honig in der lauwarmen Milch auflösen. In die Mitte des Mehls eine Vertiefung drücken und die Milch dort hineingießen. Diesen Vorteig an einem warmen Ort gehen lassen.
2. Die warme Butter, das Ei, das Salz, den Zucker und den Honig zum Mehl geben und zu einem Teig verkneten. Den Teig nochmals gehen lassen.
3. Das Obst waschen und je nach Sorte entsteinen, schälen und klein schneiden.
4. Für die Streusel das restliche Weizenmehl, die Speisestärke, den Zimt, den Honig, den Zucker und das Öl verrühren und mit den Händen zu Streuseln verarbeiten.
5. Eine Springform mit Öl auspinseln. Den Teig ausrollen und den Boden und den Rand der Backform damit auslegen. Mit dem Obst belegen und den Streuseln bestreuen.
6. Den Backofen auf 200° C vorheizen. Den Kuchen nochmals gehen lassen und dann ca. 35 Minuten backen.

Hefeteig-Käsekuchen

ZUBEREITUNGSZEIT: CA. 75 MIN.
ETWA 20 STÜCK
CA. 215 KCAL JE STÜCK

400 g Weizen
30 g frische Hefe
1 TL Zucker
5 EL Milch
60 g Butter
1 Ei
1 Pr. Salz
2 EL Honig
250 ml Milch
80 g Butter
1 kg Quark
1 unbehandelte Zitrone
4 geh. EL Honig
4 geh. EL Zucker
1 EL Vanillezucker
4 Eier

1. Den Weizen fein mahlen, 3 Eßlöffel davon für den Belag beiseite legen und den Rest in eine Schüssel geben. Die Hefe mit dem Zucker in der lauwarmen Milch auflösen. In die Mitte des Mehls eine Vertiefung drücken und die Milch dort hineingießen. Diesen Vorteig an einem warmen Ort gehen lassen.
2. Warme Butter, das Ei, das Salz und den Honig zum Mehl geben und zu einem Teig verkneten. Den Teig nochmals gehen lassen.
3. Für den Belag das restliche Mehl mit der Milch unter Rühren aufkochen und dann abkühlen lassen. Die weiche Butter und den Quark unterrühren.
4. Von der Zitrone die Schale fein abreiben und den Saft auspressen. Beides zusammen mit dem Honig, Zucker und Vanillezucker unter den Quark rühren.
5. Die Eier trennen. Die Eigelbe unter die Quarkmasse rühren. Die Eiweiße steif schlagen und unterheben.
6. Ein Backblech mit Öl einpinseln. Mit dem Hefeteig auslegen. Die Quarkmasse daraufgeben und glattstreichen. In den kalten Backofen schieben und ca. 50 Minuten bei 200° C backen.

Gitterkuchen mit Zwetschgen- oder Hagebuttenmus

ZUBEREITUNGSZEIT: CA. 60 MIN.
ETWA 20 STÜCK
CA. 175 KCAL JE STÜCK

600 g Weizen
40 g frische Hefe
75 ml Milch
2 EL Honig
2 EL Zucker
1 Pr. Salz
1 unbehandelte Zitrone
100 g Butter
5 EL Milch
2 Eier
400 g Zwetschgen- oder Hagebuttenmus
2 EL Honig

1. Den Weizen fein mahlen und in eine Schüssel geben. Die Hefe in der lauwarmen Milch auflösen. In die Mitte des Mehls eine Vertiefung drücken und die Milch dort hineingießen. Den Vorteig an einem warmen Ort gehen lassen.
2. Den Honig, den Zucker, das Salz, die abgeriebene Zitronenschale, die warme Butter und die Milch zum Mehl geben und zu einem Teig verkneten. 1 Ei und 1 Eiweiß zugeben und unterkneten. Den Teig nochmals gehen lassen.
3. Ein Backblech mit Öl einpinseln. ⅔ des Teiges ausrollen und das Backblech damit belegen.
4. Die Zitrone auspressen. Das Fruchtmus mit dem Zitronensaft und Honig verrühren und auf dem Teig verstreichen.
5. Den restlichen Teig zu schmalen Teigstreifen ausrollen und den Kuchen gitterartig damit belegen. Das übrige Eigelb verrühren und die Teigstreifen damit bestreichen.
6. Den Backofen auf 200° C vorheizen. Den Kuchen nochmals gehen lassen und dann ca. 35 Minuten backen.

Zwetschgenkuchen

ZUBEREITUNGSZEIT: CA. 60 MIN.
ETWA 12 STÜCK
CA. 150 KCAL JE STÜCK

200 g Dinkel
50 g Haselnüsse
knapp ½ Würfel Hefe
etwa 80 ml lauwarmes Wasser
40 g Sonnenblumenöl
2 EL Honig
500 bis 750 g Zwetschgen
1 TL gemahlener Zimt

1. Dinkel und Nüsse fein mahlen.
2. Die Hefe in dem lauwarmen Wasser auflösen und mit dem Honig zu dem Mehl geben und alles verkneten.
3. Den Teig zugedeckt an einem warmen Ort etwa 1 Stunde gehen lassen, bis sich sein Volumen nahezu verdoppelt hat.
4. In der Zwischenzeit die Zwetschgen waschen, der Länge nach aufschneiden und entsteinen.
5. Den Teig noch einmal gut durchkneten und eine gefettete Springform damit auslegen.
6. Die Zwetschgen möglichst dicht dachziegelartig auf den Hefeteig legen, mit Zimt bestreuen und den Kuchen an einem warmen Ort 5 bis 10 Minuten gehen lassen.
7. Anschließend auf der mittleren Leiste in den kalten Backofen schieben und bei 200° C 30 bis 35 Minuten backen.

Apfelstreuselkuchen

ZUBEREITUNGSZEIT: CA. 70 MIN.
ETWA 16 STÜCK
CA. 195 KCAL JE STÜCK

250 g Weizen
80 g Pflanzenmargarine oder Butter
80 g Honig
Schale von ½ unbehandelten Zitrone
½ Würfel Hefe
etwa ⅛ l lauwarmes Wasser
100 g Weizen
½ TL Zimt
60 g Pflanzenmargarine oder Butter
etwa 500 g Äpfel
50 g Rosinen
50 g Haselnüsse

1. Den Weizen fein mahlen. Das Fett, den Honig und die abgeriebene Zitronenschale hinzufügen.
2. Die Hefe zerbröckeln, in dem lauwarmen Wasser auflösen, dazugießen und alle Zutaten zu einem glatten, weichen Teig kneten. Der Teig sollte möglichst nicht mehr kleben.
3. Diesen zu einer Kugel formen und zugedeckt an einem warmen Ort etwa eine halbe Stunde gehen lassen, bis sich sein Volumen deutlich vergrößert hat.
4. Für die Streusel den Weizen fein mahlen, mit dem Zimt mischen und zusammen mit dem Fett zu einem glatten weichen Teig kneten. Auch diesen für mindestens eine halbe Stunde in den Kühlschrank stellen.
5. In der Zwischenzeit die Äpfel schälen und in Spalten schneiden. Die Haselnüsse fein mahlen.
6. Den gut gegangenen Hefeteig noch einmal durchkneten. Eine Spring- oder Pieform von etwa 26 cm Durchmesser gut ausfetten und mit dem Hefeteig auslegen.
7. Die Hälfte der gemahlenen Haselnüsse gleichmäßig auf den Teigboden streuen und den Boden anschließend dachziegelartig mit den Apfelspalten belegen.
8. Die restlichen Haselnüsse und die Rosinen darüberstreuen und den Streuselteig in kleinen Stücken darüberbröckeln.
9. Die Form auf der untersten Leiste in den kalten Backofen schieben und bei 200° C 35 bis 40 Minuten backen. Die Streusel sollten schön braun werden.

Nußgugelhupf

ZUBEREITUNGSZEIT: CA. 80 MIN.
ETWA 18 STÜCK
CA. 230 KCAL JE STÜCK

30 g frische Hefe
250 ml Milch
1 TL Zucker
125 g Butter
2 EL Zucker
2 EL Honig
3 Eier
450 g Weizen
1 Pr. Salz
100 g Haselnüsse
25 g Semmelbrösel
2 geh. EL Honig
2 EL Rum
50 g Rosinen
1 Msp. Zimtpulver

1. Die Hefe mit der Hälfte der lauwarmen Milch und dem Zucker verrühren und ca. 15 Minuten an einem warmen Ort gehen lassen.
2. Die weiche Butter mit dem Zucker, dem Honig, einem Ei und 2 Eigelb schaumig rühren.
3. Den Weizen fein mahlen und mit dem Salz unter die Schaummasse rühren. Die Hefeflüssigkeit und die restliche Milch anschließend unterrühren.
4. Die Nüsse nicht zu fein mahlen. Mit den Semmelbröseln, dem Honig, dem Rum und den Rosinen verrühren. Das übrige Eiweiß steif schlagen und zusammen mit dem Zimt unter die Nußmasse heben.
5. Den Backofen auf 175° C vorheizen.
6. Eine Gugelhupfform gut mit Öl einpinseln und mit Semmelbröseln ausstreuen. Die Hälfte des Hefeteiges, die Nußmasse und danach den restlichen Hefeteig einfüllen und den Kuchen nochmals gehen lassen. Danach ca. 50 Minuten backen.

Früchtegugelhupf

ZUBEREITUNGSZEIT: CA. 90 MIN.
ETWA 16 STÜCK
CA. 210 KCAL JE STÜCK

500 g Weizen oder Dinkel
1 Msp. Salz
1 TL Zimt
abgeriebene Schale von
1 unbehandelten Zitrone
80 g Pflanzenmargarine
100 g Honig
200 ml lauwarmes Wasser
2 EL Rum
1 Würfel Hefe
500 g Äpfel
50 g Rosinen
50 g Haselnüsse
2 EL Sesam

1. Den Weizen fein mahlen und mit Salz, Zimt und Zitronenschale mischen. Fett und Honig hinzufügen.
2. Die Hefe in dem lauwarmen Wasser und dem Rum auflösen, dazugießen und alle Zutaten zu einem weichen, glatten Teig verkneten, der nicht mehr kleben sollte.
3. Den Teig zu einer Kugel formen und zugedeckt etwa 1 Stunde gehen lassen, bis sich sein Volumen etwa verdoppelt hat.
4. In der Zwischenzeit Äpfel und Rosinen waschen und gut abtropfen lassen. Die Haselnüsse fein mahlen, die Äpfel vom Kerngehäuse befreien, bei Bedarf schälen und grob raspeln.
5. Den gut gegangenen Hefeteig noch einmal kräftig durchkneten und dabei Rosinen, Äpfel und Haselnüsse untermengen.
6. Eine Gugelhupfform gut einfetten, mit Sesam ausstreuen und den Teig hineinfüllen. Noch einmal an einem warmen Ort etwa 30 Minuten gehen lassen.
7. Danach auf der untersten Leiste in den kalten Backofen schieben und bei 200° C 50 bis 60 Minuten backen.
8. Auf ein Kuchengitter stürzen und gut auskühlen lassen.

TIP

Statt der Äpfel kann man Zwetschgen, Pfirsiche oder Aprikosen verwenden oder etwa 200 g eingeweichtes Trockenobst nach Geschmack.

Hefezopf mit Nußfüllung

Zubereitungszeit: ca. 60 Min.
etwa 18 Stück
ca. 305 kcal je Stück

½ l Milch
150 g Honig
1 Würfel Hefe
750 g Weizen
2 Eier
1 Pr. Salz
250 g gemahlene Nüsse
100 g Honig
1 Eiweiß
etwas abgeriebene Schale von 1 unbehandelten Zitrone
Zimt
75 g süße Sahne
1 Eigelb
1 EL Milch

1. Die Milch leicht erwärmen, den Honig dazugeben und die Hefe darin auflösen.
2. Den Weizen fein mahlen. Das Mehl, die Eier und das Salz dazugeben und den Teig 10 Minuten gut durchkneten. Dann zugedeckt gehen lassen, bis der Teig das Volumen verdoppelt hat.
3. Die Nüsse mit dem Honig, dem Eiweiß, der Zitronenschale und etwas Zimt sehr gut mischen. So viel Sahne hinzugeben, bis eine streichfähige Masse entsteht.
4. Den Teig auf Blechgröße dünn ausrollen und mit der Nußfüllung bestreichen. Die Teigplatte in 3 Teile teilen und jede einzelne aufrollen.
5. Aus den Teigplatten einen Zopf flechten, auf ein gefettetes Blech legen und nochmals an einem warmen Ort 30 Minuten gehen lassen. Den Backofen in der Zwischenzeit auf 180° C vorheizen.
6. Das Eigelb mit der Milch verquirlen, den Zopf damit bestreichen. Auf der mittleren Schiene 30 bis 40 Minuten backen.

Vollkornkleingebäck

Hahnenkämme und Schnecken

ZUBEREITUNGSZEIT: CA. 50 MIN.
ETWA 10 STÜCK
CA. 470 KCAL JE STÜCK

600 g Weizen
40 g frische Hefe
75 ml Milch
1 TL Honig
1 unbehandelte Zitrone
2 EL Honig
2 EL Zucker
1 Pr. Salz
100 g Butter
5 EL Milch
2 Eier
150 g Hagebuttenmus
150 g Haselnüsse
3 geh. EL Honig
1 Ei

1. Den Weizen fein mahlen und in eine Schüssel geben. Die Hefe in der lauwarmen Milch auflösen und mit dem Honig verrühren. In die Mitte des Mehls eine Vertiefung drücken und die Milch dort hineingießen. Diesen Vorteig an einem warmen Ort gehen lassen.
2. Die Schale der Zitrone fein abreiben. Den Honig, den Zucker, das Salz, die Zitronenschale, die weiche Butter, die Milch und die Eier zu dem Mehl geben und zu einem Teig verkneten. Diesen danach nochmals gehen lassen.
3. Für die Füllung die Nüsse nicht zu fein mahlen. Den Saft einer ½ Zitrone auspressen. Die Nüsse mit dem Hagebuttenmus, dem Zitronensaft und dem Honig verrühren.
4. Den Backofen auf 200° C vorheizen. Den Teig 3–4 mm dick ausrollen. Das Ei trennen.
5. Für die Hahnenkämme den Teig in 10 x 10 cm große Quadrate schneiden. In die Mitte einen Teelöffel der Füllung geben, die Ränder mit Eiweiß bestreichen, zusammenklappen und ringsum andrücken. Die Längsseite 3–4mal einschneiden und etwas nach beiden Seiten auseinanderziehen.
6. Für die Schnecken den Teig zu einem Rechteck schneiden und mit der Füllung bestreichen. Die Ränder mit Eiweiß bepinseln und den Teig von der Längsseite her aufrollen. Mit einem scharfen Messer etwa 1 cm dicke Scheiben abschneiden.
7. Ein Backblech mit Backpapier auslegen. Das Gebäck darauflegen und mit Eigelb bestreichen. Etwa 15–20 Minuten backen.

Gefüllte Quarktaschen

ZUBEREITUNGSZEIT: CA. 50 MIN.
ETWA 8 STÜCK
CA. 410 KCAL JE STÜCK

300 g Weizen
175 g Butter (keine Margarine)
250 g Magerquark
3 EL Milch, 1 Pr. Salz
50 g Butter
1 gestr. EL Zucker
1 EL Honig
250 g Magerquark
50 g Sultaninen, 1 Ei

1. Den Weizen fein mahlen. Die Butter in Stückchen schneiden und mit dem Mehl verkneten. Den Quark, die Milch und das Salz zugeben und alles zu einem Mürbeteig verkneten. Etwa 30 Minuten kühl stellen.
2. Für die Füllung die Butter bei milder Hitze schmelzen lassen. Mit dem Zucker, dem Honig und dem Quark verrühren. Die Sultaninen unterheben.
3. Den Backofen auf 225° C vorheizen. Den Teig dünn ausrollen und zu Quadraten oder Kreisen schneiden. Die Füllung in die Mitte geben.
4. Das Ei trennen. Die Teigränder mit Eiweiß bestreichen, umklappen und ringsum andrücken. Die Taschen mit Eigelb bestreichen.
5. Ein Backblech mit Backpapier belegen und das Gebäck darauflegen. Etwa 30 Minuten backen.

Vollkornwindbeutel mit Sauerkirschsahne

ZUBEREITUNGSZEIT: CA. 70 MIN.
ETWA 16 STÜCK
CA. 125 KCAL JE STÜCK

200 ml Wasser
1 Pr. Salz, 50 g Butter
140 g sehr feines Weizenvollkornmehl
3 bis 4 Eier, 250 g Sahne
Mark von 1/2 Vanilleschote
Honig
250 g Sauerkirschen

1. Das Wasser mit dem Salz und der Butter aufkochen, den Topf kurz von der Flamme nehmen und das Mehl einrühren. Dann wieder auf den Herd stellen und so lange rühren, bis der Teig leicht glänzt und sich vom Topfboden löst.
2. Den Backofen auf 180° C vorheizen. Den Teig 2 bis 3 Minuten abkühlen lassen, dann die Eier einrühren.
3. Den Teig in einen Spritzbeutel füllen und 16 gleichmäßige Rosetten auf ein mit Backpapier ausgelegtes Blech spritzen. Die Windbeutel 40 bis 45 Minuten bei 180° C backen, anschließend 5 Minuten bei 225° C.
4. Die Windbeutel 10 Minuten abkühlen lassen und durchschneiden. Die Sahne mit dem Vanillemark steif schlagen, mit Honig süßen. Die Sauerkirschen waschen und entsteinen. Die Windbeutel mit der Sahne und den Sauerkirschen füllen.

Puddingbrezel

ZUBEREITUNGSZEIT: CA. 60 MIN.
ETWA 16 STÜCK
CA. 120 KCAL JE STÜCK

250 g Weizenmehl Type 1050
3/4 Würfel Hefe
1 Pr. Zucker
1/8 l Milch
30 g Margarine oder Butter
1 Pr. Salz
1 Ei
Mark von 1/2 Vanilleschote
knapp 1/4 l Milch
1 Pr. Salz
2 EL Zucker
1 P. Vanillepuddingpulver (zum Kochen)
1 kleine Dose Aprikosen

1. Das Mehl in eine Schüssel sieben und in die Mitte eine Mulde drücken. Die Hefe hineinbröckeln und etwas Zucker darüberstreuen.
2. Die Milch leicht erwärmen, in die Mulde gießen und so lange rühren, bis die Hefe sich aufgelöst hat. Den Vorteig mit einem Tuch zudecken und ihn an einem warmen Ort etwa 1/4 Stunde gehen lassen.
3. Inzwischen die Margarine oder die Butter schmelzen lassen und mit etwas Salz, dem Ei und dem Vanillemark verrühren.
4. Zeigt der Vorteig Blasen, wird die Fettmischung dazugegeben. Alle Zutaten zu einem glatten Teig verarbeiten. Den Teig gut zugedeckt etwa 1/4 Stunde an einem warmen Ort gehen lassen. Er sollte zu etwa doppeltem Volumen aufgehen.
5. Den Hefeteig in 16 gleich große Stücke teilen, diese zu fingerdicken Teigsträngen rollen und zu Brezeln formen.
6. Die Brezel auf ein gefettetes Backblech legen und bei 175° C etwa 20 Minuten backen. Auf einem Gitter auskühlen lassen.
7. Die Brezel auf Backpapier legen. Aus der Milch, etwas Salz, dem Zucker und dem Puddingpulver entsprechend der Packungsanleitung einen Pudding kochen und die Zwischenräume der Brezel damit füllen.
8. Die Aprikosen abtropfen lassen, die einzelnen Hälften halbieren. Die Zwischenräume der Brezel mit jeweils einem Aprikosenviertel belegen. Den Pudding fest werden lassen und die Brezel vorsichtig vom Backpapier lösen.

Maiswaffeln mit Schokoladensahne

ZUBEREITUNGSZEIT: CA. 20 MIN.
ETWA 8 STÜCK
CA. 460 KCAL JE STÜCK

200 g Maismehl
3 Eier
50 g zerlassene Butter
1/8 l Milch
1/2 TL Backpulver
3 EL Honig
2 EL Rum
80 g Mandelstifte
250 g süße Sahne
100 g Mandelsplitterschokolade
50 g Doppelrahmkäse
1 EL Kirschlikör

1. Das Mehl, die Eier, die Butter, die Milch, das Backpulver, den Honig und den Rum zu einem Teig verrühren. Diesen 10 Minuten quellen lassen und die Mandeln unterheben. Eventuell noch etwas Milch unterrühren.
2. Das Waffeleisen vorheizen, einfetten und die Waffeln bei mittlerer Hitze goldgelb backen.
3. Die Sahne steif schlagen.
4. Die Schokolade im Wasserbad schmelzen. Den Frischkäse mit einer Gabel zerdrücken und mit dem Likör darunterrühren.
5. Die Schokomasse vorsichtig unter die Sahne heben. Diese zu den Waffeln reichen.

Vollkornwaffeln mit Himbeersauce

ZUBEREITUNGSZEIT: CA. 45 MIN.
ETWA 8 STÜCK
CA. 390 KCAL JE STÜCK

125 g Butter
125 g Akazienhonig
3 Eier, 1/2 TL Backpulver
etwas abgeriebene Schale von
1 unbehandelten Zitrone
Mark von 1/2 Vanilleschote
250 g Weizen, 1/4 l Milch
250 g Himbeeren (tiefgekühlt)
1 bis 2 EL Honig, 125 g Sahne
Mark von 1/4 Vanilleschote

1. Die Butter mit dem Honig schaumig rühren. Die Eier trennen. Nach und nach die Eigelbe dazugeben.
2. Den Weizen fein mahlen. Das mit Backpulver, Zitronenschale und Vanillemark vermischte Mehl unterrühren.
3. Die Milch langsam einrühren, bis ein dickflüssiger Teig entsteht, diesen etwa 30 Minuten quellen lassen.
4. In der Zwischenzeit die Himbeeren auftauen lassen, pürieren und mit dem Honig und dem Vanillemark abschmecken.
5. Die Eiweiße sehr steif schlagen und unter den Waffelteig geben. Die Waffeln in einem leicht gefetteten Waffeleisen backen.
6. Die Sahne leicht schlagen, unter die Himbeeren geben, mit den Waffeln servieren.

Buchweizenwaffeln mit Zimtäpfeln

ZUBEREITUNGSZEIT: CA. 40 MIN.
ETWA 8 STÜCK
CA. 280 KCAL JE STÜCK

40 g Hefe
300 ml Milch
250 g Buchweizenvollkornmehl
100 g Weizenvollkornmehl
2 Eigelb
2 TL Honig
1 Pr. Salz
2 Eiweiß
4 mürbe, säuerliche Äpfel
3 EL Butter
Saft von 1 Zitrone
2 EL Honig
1 TL Zimtpulver

1. Die Hefe in der lauwarmen Milch auflösen, das Buchweizenvollkornmehl mit der Hefemilch verrühren, abdecken und etwa 1 Stunde gehen lassen.
2. Danach Weizenvollkornmehl, Eigelbe, Honig und Salz dazugeben. Alle Zutaten verrühren, abdecken und nochmals etwa 30 Minuten gehen lassen.
3. Die Eiweiße steif schlagen und vorsichtig unter den Teig heben. Das Waffeleisen aufheizen, eventuell einfetten und goldgelbe Waffeln backen.
4. In der Zwischenzeit die Äpfel halbieren und die Kerngehäuse herausschneiden. Die Butter in einer Pfanne erhitzen und die Äpfel mit der Schnittfläche nach unten darin braten.
5. Die Äpfel herausnehmen. Die Schnittflächen mit Zitronensaft beträufeln, mit Honig bestreichen und mit Zimt bestreuen.

Sesamwaffeln

ZUBEREITUNGSZEIT: CA. 40 MIN.
ETWA 6 STÜCK
CA. 465 KCAL JE STÜCK

150 g Weizenmehl (Type 1050)
100 g Weizenschrot
10 g Hefe
Salz
200 bis 250 ml Milch
100 g Sesam
100 g Butter oder Margarine
2 Eier
4 EL flüssiger Honig
abgeriebene Schale von ½ Zitrone

1. Das Mehl und das Schrot in einer Schüssel mischen. In die Mitte eine Mulde drücken und die Hefe hineinbröckeln. Die Hefe mit dem Salz, etwas lauwarmer Milch und etwas Mehl zu einem Brei verrühren. Den Hefeansatz etwa 15 Minuten gehen lassen.
2. Den Hefeansatz mit dem Mehl, der restlichen Milch, dem Sesam, dem zerlassenen Fett, den Eiern, dem Honig und der Zitronenschale mischen und dann alles zu einem glatten geschmeidigen Teig verrühren. Den Teig zugedeckt an einem warmen Ort für etwa 30 Minuten gehen lassen.
3. Das Waffeleisen aufheizen und eventuell einfetten. Aus dem Teig Waffeln backen.

Haferflockenwaffeln

ZUBEREITUNGSZEIT: CA. 30 MIN.
ETWA 6 STÜCK
CA. 260 KCAL JE STÜCK

125 g kernige Haferflocken
ca. ¼ l Buttermilch
1 EL Akazienhonig
100 g weiche Butter
2 Eier
etwas abgeriebene Schale von 1 unbehandelten Zitrone
1 Pr. Salz

1. Die Haferflocken mit Buttermilch übergießen und mindestens 2 Stunden quellen lassen.
2. Dann Honig und Butter darunterrühren. Die Eier hinzufügen und mit einkneten.
3. Ist der Teig zu dick, noch so viel Buttermilch untermischen, bis er zähflüssig wird. Den Teig mit Zitronenschale und Salz abschmecken.
4. Das Waffeleisen einfetten. Goldbraune Waffeln backen und noch heiß servieren.

TIP
Zu diesen Waffeln können Sie einen Obstsalat reichen.

Nußlaiberl

Zubereitungszeit: 45 Min.
etwa 35 Stück
ca. 110 kcal je Stück

100 g getrocknete, ungeschwefelte Aprikosen
Saft von 1 Orange
200 g Walnußkerne
2 Eier, 150 g Honig
1 TL Zimt
1/4 TL Ingwerpulver
1 TL abgeriebene Schale von 1 unbehandelten Zitrone
1/4 TL frisch geriebene Muskatnuß
200 g fein geriebene Mandeln
1 Eigelb, 1 bis 2 EL Milch

1. Die Aprikosen klein schneiden und in dem Orangensaft mehrere Stunden einweichen.
2. Die Hälfte der Walnüsse fein mahlen.
3. Den Backofen auf 160° C vorheizen. Die Eier mit dem Honig schaumig rühren, die Gewürze, die Aprikosen und die Nüsse dazugeben und alles zu einem feuchten Teig verkneten.
4. Aus dem Teig etwa 3 cm große Kugeln formen und auf ein mit Backpapier ausgelegtes Backblech setzen.
5. Das Eigelb mit der Milch verrühren, die Plätzchen damit bestreichen. In die Mitte jeweils einen Walnußkern setzen und die Plätzchen 25 bis 30 Minuten backen.

Roggen-Mandel-Gebäck

Zubereitungszeit: ca. 40 Min.
etwa 50 Stück
ca. 70 kcal je Stück

300 g Roggen
1/2 P. Backpulver
150 g Butter
125 g Zucker
1 kleines Ei
1 EL Rum
1 TL Zimtpulver
125 g Mandeln

1. Den Roggen fein mahlen und mit dem Backpulver mischen.
2. Die Butter, den Zucker, das Ei, den Rum und den Zimt zum Mehl geben und miteinander verkneten.
3. Die Mandeln fein mahlen und unter den Teig kneten. Diesen ca. 30 Minuten kühl stellen.
4. Den Backofen auf 200° C vorheizen. Ein Backblech mit Backpapier auslegen.
5. Den Teig nicht zu dünn ausrollen und beliebige Formen ausstechen. Auf das Backblech setzen und ca. 15 Minuten backen.

Sesamplätzchen

ZUBEREITUNGSZEIT: CA. 40 MIN.
ETWA 45 STÜCK
CA. 100 KCAL JE STÜCK

400 g Weizen
100 g Sesamkörner
1 EL Öl
100 g Butter
150 g Margarine
100 g Zucker
3 EL Honig
abgeriebene Schale von 1 Zitrone

1. Den Weizen fein mahlen.
2. Die Sesamkörner in dem Öl etwas anrösten und mit dem Mehl mischen. Die Butter, die Margarine, den Zucker, den Honig und die Zitronenschale zum Mehl geben und zu einem Teig verkneten.
3. Den Backofen auf 200° C vorheizen. Ein Backblech mit Backpapier auslegen.
4. Aus dem Teig walnußgroße Kugeln formen und auf das Backblech setzen. Die Kugeln etwas flachdrücken und etwa 15 Minuten backen.

Gewürzplätzchen aus Hafer

ZUBEREITUNGSZEIT: CA. 35 MIN.
ETWA 80 STÜCK
CA. 60 KCAL JE STÜCK

250 g Hafer
250 g Weizen
½ P. Backpulver
50 g Kakao
250 g Butter
150 g Zucker
2 Eier
3 geh. EL Honig
1 gestr. TL Zimt
1 gestr. TL Nelken
1 Msp. Muskat
1 EL Rum

1. Den Hafer und den Weizen mischen und mittelfein mahlen. Das Mehl mit dem Backpulver mischen.
2. Den Kakao, die Butter, den Zucker, die Eier, den Honig, die Gewürze und den Rum zum Mehl geben und alles zu einem Teig verkneten.
3. Den Backofen auf 200° C vorheizen. Ein Backblech mit Backpapier auslegen.
4. Aus dem Teig haselnußgroße Kugeln formen und auf das Backblech setzen. Die Kugeln etwas flachdrücken und etwa 10 Minuten backen.

Husarenkrapfen

ZUBEREITUNGSZEIT: CA. 40 MIN.
ETWA 50 STÜCK
CA. 50 KCAL JE STÜCK

75 g Zucker
4 EL Honig
2 Eigelb
1 Pr. Salz
Saft von 1 Zitrone
200 g Weizen
125 g Butter
100 g rote Marmelade

1. Den Zucker, den Honig und die Eigelbe schaumig rühren. Das Salz und den Zitronensaft unterrühren.
2. Den Weizen fein mahlen und unter die Schaummasse kneten. Die weiche Butter zufügen und alles zu einem Teig verkneten.
3. Den Backofen auf 200° C vorheizen. Ein Backblech mit Backpapier auslegen.
4. Aus dem Teig kleine Kugeln formen und auf das Backblech setzen. Mit einem bemehlten Kochlöffelstiel in die Mitte der Kugeln eine Vertiefung drücken und diese mit Marmelade füllen. Etwa 15 Minuten backen.

Vanillekipferl

ZUBEREITUNGSZEIT: CA. 45 MIN.
ETWA 30 STÜCK
CA. 70 KCAL JE STÜCK

125 g Weizenmehl Type 1050
1 TL Backpulver
100 g Butter
1 geh. EL Honig
80 g geriebene Mandeln
abgeriebene Schale von ½ unbehandelten Zitrone
Mark von ½ Vanilleschote
1 Eigelb

1. Das Mehl mit dem Backpulver mischen und in eine Schüssel sieben. Butter, Honig, Mandeln, Zitronenschale, Vanillemark und Eigelb dazugeben. Alle Zutaten zu einem festen Teig verkneten.
2. Den Teig zu einer Kugel formen und diese mindestens 1 Stunde im Kühlschrank ruhen lassen.
3. Mit den Händen eine Teigrolle von etwa 2 cm Durchmesser formen. Davon etwa 2 cm lange Stücke abschneiden und diese zu kleinen Hörnchen formen.
4. Die Kipferl auf ein gut gefettetes Backblech legen und bei 180° C etwa 10 Minuten hell backen.

TIP
Das Mark von 2 Vanilleschoten mit 50 g Puderzucker mischen und die noch heißen Kipferl darin wälzen.

Mandelkränzchen

ZUBEREITUNGSZEIT: CA. 45 MIN.
ETWA 30 STÜCK
CA. 75 KCAL JE STÜCK

125 g Weizen
1 Pr. Salz, 1 Eigelb
40 g Akazienhonig
3 Tropfen Rumaroma
60 g Butter, 1 Eiweiß
100 g Akazienhonig
125 g geriebene Mandeln
1 Msp. gemahlene Muskatblüte
1 EL Himbeermarmelade

1. Den Weizen fein mahlen. Das Mehl mit dem Salz, dem Honig, dem Rumaroma und dem Eigelb verrühren. Die kalte Butter fein darüberschneiden und alles rasch miteinander verkneten. Den Teig 1 Stunde im Kühlschrank ruhen lassen.
2. Den Backofen auf 175° C vorheizen. Dann den Teig dünn ausrollen, kleine, runde Plätzchen ausstechen und auf ein gefettetes Backblech legen.
3. Für den Belag das Eiweiß steif schlagen, den Honig dazu rühren und die geriebenen Mandeln und die Muskatblüte unterziehen.
4. Die Masse in einen Spritzbeutel mit großer Tülle füllen und auf jedes Plätzchen ein Kränzchen spritzen. In die Mitte einen Tupfer Marmelade geben und die Mandelkränzchen auf der mittleren Schiene etwa 20 Minuten backen.

Spitzbuben

ZUBEREITUNGSZEIT: CA. 60 MIN.
ETWA 30 STÜCK
CA. 140 KCAL JE STÜCK

250 g Weizen
200 g fein geriebene Nüsse
200 g kalte Butter
1 TL abgeriebene Schale von
1 unbehandelten Zitrone
3 EL Honig, 1 Ei , 2 EL Rum
4 EL Johannisbeergelee

1. Den Weizen fein mahlen. Das Mehl auf einem Backbrett mit den Nüssen mischen, die Butter mit einem Messer unterhacken, rasch mit den Händen zerbröseln und die Zitronenschale darüberstreuen.
2. Den Honig mit dem Ei verquirlen, mit einer Gabel unter die Teigkrümel mengen, alles rasch zu einem glatten Teig verkneten und für 30 Minuten in den Kühlschrank stellen.
3. Den Backofen auf 175° C vorheizen. Den Teig portionsweise ausrollen und runde glatte Plätzchen von 3 bis 4 cm Durchmesser ausstechen. Anschließend bei der Hälfte der Plätzchen mit einer kleineren runden Form die Mitte ausstechen.
4. Die Plätzchen auf ein gefettetes Backblech setzen, etwa 20 Minuten backen.
5. Den Rum mit der Marmelade verrühren, je ein Plätzchenkranz und ein glattes Plätzchen zusammensetzen.

Aprikosenscheiben

ZUBEREITUNGSZEIT: CA. 45 MIN.
ETWA 50 STÜCK
CA. 85 KCAL JE STÜCK

250 g Butter
100 g Akazienhonig
etwas abgeriebene Schale von 1 unbehandelten Zitrone
Mark von ½ Vanilleschote
1 Pr. Salz
350 g Weizen
200 g Aprikosenkonfitüre
1 Eigelb
50 g gehackte Mandeln

1. Die Butter mit dem Honig schaumig rühren. Die Zitronenschale, das Vanillemark und das Salz hinzufügen.
2. Den Weizen fein mahlen. Das Mehl nach und nach dazukneten. Den Teig zu Rollen von 3 cm Durchmesser formen und 1 Stunde kühl stellen.
3. Den Backofen auf 175° C vorheizen. Dann 1 cm starke Scheiben von den Rollen abschneiden, leicht eindrücken und auf ein gefettetes, bemehltes Blech setzen.
4. Die Aprikosenkonfitüre in die eingedrückten Mulden füllen. Das Eigelb mit etwas Wasser oder Milch verrühren. Die Plätzchen am Rand damit bestreichen und mit den Mandeln bestreuen. Die Aprikosenscheiben in 25 bis 30 Minuten goldgelb backen.

Schnelle Nußkekse

ZUBEREITUNGSZEIT: CA. 40 MIN.
ETWA 50 STÜCK
CA. 65 KCAL JE STÜCK

125 g Butter
80 g Honig
6 ungeschwefelte, getrocknete Aprikosen, in Wasser eingeweicht
1 TL Zitronensaft
abgeriebene Schale von ½ Zitrone
Mark von ¼ Vanilleschote
1 Pr. Salz
250 g Weizen
150 g Nüsse
1 Eigelb, 2 EL Milch

1. Die Butter mit dem Honig schaumig rühren. Die Aprikosen im Mixer pürieren. Mit dem Zitronensaft, der -schale, dem Vanillemark und dem Salz zu der Butter geben.
2. Den Weizen und die Nüsse fein mahlen. Das Mehl mit den Nüssen mischen, zur Buttermasse geben und alles zu einem geschmeidigen Teig verkneten.
3. Aus dem Teig Rollen von etwa 3 cm Durchmesser formen und diese etwa 30 Minuten kühl stellen. Den Backofen auf 175° C vorheizen. Dann davon 1 cm dicke Scheiben abschneiden und auf ein mit Backpapier ausgelegtes Backblech setzen.
4. Das Eigelb mit der Milch verrühren, die Plätzchen damit bestreichen und 15 bis 20 Minuten backen.

Sonnenblumenmakronen

ZUBEREITUNGSZEIT: CA. 90 MIN.
ETWA 80 STÜCK
CA. 105 KCAL JE STÜCK

840 g gemahlene Sonnenblumenkerne
300 g Zucker, 3 Eiweiß
160 g geriebene Karotten
40 g Speisestärke
40 g flüssiger Honig
80 Backoblaten
300 g ganze Sonnenblumenkerne

1. Von den gemahlenen Sonnenblumenkernen 280 g abnehmen. Alle übrigen Zutaten außer den Backoblaten und den ganzen Sonnenblumenkernen in einer großen Pfanne bei mittlerer Hitze erwärmen, so daß sie sich miteinander verbinden. Von den vorher abgenommenen Sonnenblumenkernen soviel dazugeben, daß eine spritzfähige Masse entsteht.
2. Den Backofen auf 190° C vorheizen. Die Masse in einen Spritzbeutel mit Lochtülle geben, portionsweise auf die Backoblaten spritzen und diese auf ein ungefettetes Backblech setzen. Die Makronen mit ganzen Sonnenblumenkernen verzieren und etwas antrocknen lassen.
3. Das Backblech auf der mittleren Einschubleiste in den Ofen schieben und die Sonnenblumenmakronen bei leicht geöffneter Backofentür (einen hölzernen Kochlöffel dazwischenklemmen) etwa 20 Minuten backen.

Haferflockenmakronen

ZUBEREITUNGSZEIT: CA. 90 MIN.
ETWA 50 STÜCK
CA. 50 KCAL JE STÜCK

250 g brauner Zucker
50 g Butter
2 Eier
1 P. Vanillezucker
250 g Haferflocken
1 EL Kakao

1. Den Backofen auf 175° C vorheizen. Den Zucker zusammen mit Butter, Eiern und Vanillezucker in einer Rührschüssel schaumig schlagen. Die Haferflocken mit dem Kakao mischen, dazugeben und kurz unterrühren.
2. Ein Backblech mit Backpapier auslegen, mit 2 Löffeln kleine Häufchen der Haferflockenmasse daraufsetzen und diese im Ofen auf der mittleren Einschubleiste in etwa 20 Minuten backen.
3. Die Haferflockenmakronen auf einem Kuchengitter abkühlen lassen und bis zum Verzehr in einem Folienbeutel aufbewahren.

TIP:
Tauchen Sie die beiden Löffel zwischendurch in kaltes Wasser.

Haferflocken-Makronen mit Backpflaumen

ZUBEREITUNGSZEIT: CA. 40 MIN.
ETWA 50 STÜCK
CA. 100 KCAL JE STÜCK

250 g Butter
100 g Zucker
1 P. Vanillezucker
1 Pr. Salz
3 Eier
½ TL Zimt
320 g Vollkornhaferflocken
100 g gehackte Mandeln
250 g grob gewürfelte Backpflaumen
1 TL Backpulver

1. Butter, Zucker, Vanillezucker, Salz und Eier cremig rühren. Mit Zimt, Haferflocken, Mandeln, Backpflaumen und Backpulver gut verrühren.
2. Ein Backblech mit Backpapier auslegen. Mit zwei Teelöffeln Teighäufchen auf das Blech setzen und sie etwa 25 Minuten backen.

Dattelhäufchen

ZUBEREITUNGSZEIT: CA. 45 MIN.
ETWA 50 STÜCK
CA. 105 KCAL JE STÜCK

150 g weiche Butter
120 g Akazienhonig
3 Eier
2 EL Rum
abgeriebene Schale und Saft von
1 unbehandelten Zitrone
150 g Haselnüsse
200 g getrocknete, entsteinte Datteln
350 g feines Weizenvollkornmehl
100 g Schokoladenkuvertüre

1. Die Butter mit dem Honig, den Eiern und dem Rum schaumig rühren. Die Zitronenschale und den Zitronensaft dazugeben.
2. Die Haselnüsse grob reiben, die Datteln in feine Streifen schneiden. Die Nüsse und die Datteln unter die Buttermischung rühren. Zuletzt das Mehl dazufügen. Den Teig 30 Minuten quellen lassen. Den Backofen auf 200° C vorheizen.
3. Kleine Häufchen auf ein gefettetes Blech setzen und die Plätzchen 25 bis 30 Minuten backen.
4. Die Kuvertüre bei milder Hitze schmelzen und die ausgekühlten Dattelhäufchen damit überziehen.

Kokos-Orangen-Plätzchen

ZUBEREITUNGSZEIT: 40 MIN.
ETWA 30 STÜCK
CA. 100 KCAL JE STÜCK

1 Ei
100 g Akazienhonig
50 g Butter
2 EL Orangenlikör
abgeriebene Schale von
1 mittelgroßen unbehandelten Orange
100 g Weizen
100 g Kokosflocken
150 g Schokoladenkuvertüre

1. Den Backofen auf 180° C vorheizen. Das Ei schaumig rühren, anschließend den Honig, die Butter, den Orangenlikör und die Orangenschale hinzufügen und gut durchrühren.
2. Den Weizen fein mahlen. Das Mehl und die Kokosflocken hinzugeben und langsam verrühren. Kleine Häufchen auf ein mit Backpapier ausgelegtes Blech setzen und etwa 15 Minuten backen.
3. Die Kuvertüre bei milder Hitze schmelzen. Die ausgekühlten Plätzchen mit einer Hälfte dort hineintauchen.

Nußplätzchen

ZUBEREITUNGSZEIT: CA. 45 MIN.
ETWA 30 STÜCK
CA. 105 KCAL JE STÜCK

2 Eier
125 g Honig
50 g Rosinen
50 g geriebene Haselnüsse
50 g geriebene Kokosnuß
50 g Leinsamen
50 g Sesam
1 TL Sonnenblumenkerne
1 TL Backpulver
150 g feines Weizenvollkornmehl
½ TL Zimt
1 EL Zitronensaft
100 g gehackte Haselnüsse

1. Den Backofen auf 200° C vorheizen. Die Eier mit dem Honig schaumig rühren. Die Masse mindestens 5 Minuten mit dem Rührgerät schlagen.
2. Dann die Rosinen, die Haselnüsse und Kokosnuß, den Leinsamen, den Sesam und die Sonnenblumenkerne dazugeben. Das Backpulver und den Zimt mit dem Mehl mischen und mit dem Zitronensaft gut unter den Teig rühren.
3. Mit einem Teelöffel kleine Plätzchen abstechen. Diese auf ein mit Backpapier ausgelegtes Backblech setzen und mit den Haselnüssen bestreuen. Die Nußplätzchen 20 bis 30 Minuten backen.

Honigkuchen

ZUBEREITUNGSZEIT: CA. 105 MIN.
ETWA 30 STÜCK
CA. 205 KCAL JE STÜCK

4 Eier
200 g Butter oder Margarine
200–250 g flüssiger Honig
100 g Dattelmark
¼ TL Vanilleschotenmark
1 TL Lebkuchengewürz
3 TL Kakao
150 g feingemahlene, ungeschälte Mandeln
500 g feingemahlener Weizen
1 P. Backpulver
Margarine für das Blech
ganze, geschälte Mandeln
Sonnenblumenkerne
Zitronat oder Orangeat

1. Die Eier mit Butter oder Margarine, Honig und Dattelmark schaumig schlagen. Vanilleschotenmark, Lebkuchengewürz und Kakao darunterrühren. Die Mandeln zusammen mit dem Weizen und dem Backpulver dazugeben und das Ganze zu einem nicht zu festen Teig verrühren. Den Teig zugedeckt im Kühlschrank etwa eine Stunde ruhen lassen.
2. Ein Backblech fetten, den Teig darauf verteilen und mit einem nassen Messer glattstreichen. Auf der Teigoberfläche mit einem Messer Quadrate von etwa 7 x 7 cm (oder Rechtecke in beliebiger Größe) markieren und jedes Quadrat mit Mandeln, Sonnenblumenkernen, Zitronat oder Orangeat verzieren.
3. Das Blech auf die mittlere Einschubleiste in den kalten Backofen schieben und die Honigkuchen bei 180° C in etwa ¾ Stunden backen. Den Kuchen mit einem Messer in die markierten Quadrate zerteilen und auf einem Kuchengitter auskühlen lassen.

Schokoladenlebkuchen

ZUBEREITUNGSZEIT: CA. 45 MIN.
ETWA 30 STÜCK
CA. 170 KCAL JE STÜCK

500 g Honig
1 EL Rum
2 Eier
50 g Zitronat
50 g Orangeat
100 g gehackte Haselnüsse
½ TL Nelkenpulver
50 g Kakao
500 g Weizen
1 P. Backpulver
ca. 30 große Oblaten
100 g Kuvertüre

1. Den Honig mit dem Rum, den Eiern, dem Zitronat, dem Orangeat, den Nüssen, dem Nelkenpulver und dem Kakao verrühren.
2. Den Weizen fein mahlen und mit dem Backpulver mischen. Zur Honigmasse geben und unterrühren.
3. Den Backofen auf 175° C vorheizen. Den Teig auf den Oblaten verstreichen und diese auf ein Backblech setzen. Etwa 20 Minuten backen. Danach auskühlen lassen.
4. Die Kuvertüre bei milder Hitze erwärmen und die Lebkuchen in dünnen Fäden damit überziehen.

Aprikosenlebkuchen

ZUBEREITUNGSZEIT: CA. 90 MIN.
ETWA 20 STÜCK
CA. 145 KCAL JE STÜCK

100 g getrocknete, ungeschwefelte Aprikosen
4 Eier
200–250 g flüssiger Honig
100 g feingemahlene Mandeln
1 TL Zimtpulver
2 TL Lebkuchengewürz
250 g feingemahlener Weizen
2 TL Backpulver
Backoblaten (ca. 7 mm Ø)

1. Die getrockneten Aprikosen waschen, sehr klein schneiden und (knapp mit Wasser bedeckt) etwa 3 bis 4 Stunden quellen lassen, dann das Wasser abgießen.
2. Die Eier zusammen mit dem Honig schaumig schlagen. Alle übrigen Zutaten außer den Backoblaten nach und nach zu der Ei-Honig-Masse geben und gut miteinander verrühren.
3. Den Teig etwa 1 cm hoch auf die Backoblaten streichen und dabei einen schmalen Rand lassen. Die Lebkuchen bei Raumtemperatur über Nacht antrocknen lassen.
4. Am nächsten Morgen das Blech auf die mittlere Einschubleiste in den kalten Backofen schieben und dann ca. 30 bis 35 Minuten bei 180° C backen.

Nußlebkuchen

ZUBEREITUNGSZEIT: CA. 70 MIN.
ETWA 25 STÜCK
CA. 140 KCAL JE STÜCK

100 g Honig
40 g Butter
250 g Dinkel
½ Ei
50 g Sahne
1 Pr. Salz
1 TL Lebkuchengewürz
1 TL Zimt
1 TL Rum
1 TL Backpulver
75 g Honig
1 bis 2 EL Kakao
200 g fein geriebene Haselnüsse
50 g Rosinen
1 EL Rum
2 bis 3 EL Sahne

1. Für den Teig den Honig und die Butter in einem Topf unter Rühren langsam erwärmen, bis eine geschmeidige Masse entsteht. In eine Schüssel geben, etwas abkühlen lassen.
2. Den Backofen auf 180° C vorheizen. Den Dinkel fein mahlen. Das Mehl, das Ei, die Sahne, das Salz, die Gewürze, den Rum und das Backpulver dazugeben. Alles miteinander verrühren und dann zu einem geschmeidigen Teig verkneten.
3. Für die Füllung den Honig in einem Topf erwärmen, bis er flüssig wird. Den Kakao, die Haselnüsse, die Rosinen und den Rum darunterrühren. So viel Sahne dazugeben, bis eine streichfähige Masse entsteht.
4. Den Teig auf einer bemehlten Arbeitsfläche in der Breite eines Backblechs etwa 3 mm dick ausrollen, halbieren und eine Teigplatte auf ein gefettetes Backblech legen. Die Füllung daraufstreichen und mit der anderen Teighälfte bedecken.
5. Die Lebkuchen auf der mittleren Schiene etwa 40 Minuten backen.

Brote und Brötchen

Vollkornzwieback

Zubereitungszeit: ca. 70 Min.
etwa 50 Stück
ca. 90 kcal je Stück

1 kg Weizen
2 geh. EL Honig
2 EL Zucker
20 g frische Hefe
1 Pr. Salz
½ l Milch
100 g Butter

1. Den Weizen fein mahlen. Den Honig und den Zucker dazugeben.
2. Die Hefe und das Salz in der warmen Milch auflösen und zum Mehl geben. Die Butter zugeben und alles zu einem Teig verkneten.
3. Aus dem Teig 2 Rollen formen und diese an einem warmen Ort gut gehen lassen.
4. Ein Backblech mit Backpapier auslegen. Die Teigrollen darauflegen, mit Wasser bestreichen und in den kalten Backofen schieben. Bei 200° C ca. 30 Minuten hellbraun backen. Den Teig über Nacht stehenlassen
5. Am nächsten Tag die Rollen mit einem scharfen Messer in 1 cm dicke Scheiben schneiden. Ein Backblech mit Backpapier auslegen und die Scheiben darauflegen. Bei 100° C ca. 15 Minuten goldgelb backen und dabei eventuell die Scheiben wenden.

Früchtebrot

Zubereitungszeit: ca. 105 Min.
etwa 18 Stück
ca. 205 kcal je Stück

4 Eier
100 g Zucker
5 EL Honig
500 g Weizen
1 P. Backpulver
2 EL Rum
Saft von ½ Zitrone
50 g Zitronat
50 g Orangeat
50 g gehackte Mandeln
50 g Rosinen
100 g Datteln

1. Die Eier trennen. Die Eigelbe mit dem Zucker und dem Honig schaumig rühren.
2. Den Weizen fein mahlen und mit dem Backpulver mischen. Das Mehl unter die Schaummasse rühren.
3. Den Rum, den Zitronensaft, das Zitronat, das Orangeat, die Mandeln und die Rosinen unterrühren. Die Datteln klein schneiden und ebenfalls zum Teig geben.
4. Die Eiweiße steif schlagen und unter den Teig heben.
5. Den Backofen auf 175° C vorheizen. Eine Kastenform gut einfetten und mit Semmelbröseln ausstreuen. Den Teig einfüllen und etwa 75 Min. backen.

Weihnachtsstollen

ZUBEREITUNGSZEIT: CA. 105 MIN.
ETWA 20 STÜCK
CA. 210 KCAL JE STÜCK

500 g Weizen
60 g frische Hefe
½ EL Honig
4 EL Milch
125 g Butter
75 g Zucker
1 geh. EL Honig
1 Ei
75 g Sultaninen
1 EL Rum
Mark von 1 Vanilleschote
50 g gestiftelte Mandeln
50 g Zitronat
50 g Orangeat
Schale und Saft von ½ Zitrone
½ TL Salz, 1 EL Öl
50 g Puderzucker

1. Den Weizen fein mahlen. Das Mehl in eine Schüssel geben und in die Mitte eine Vertiefung drücken. Die Hefe, den Honig und die warme Milch in die Vertiefung geben und diesen Vorteig an einem warmen Ort gehen lassen.
2. Die Butter, den Zucker, den Honig und das Ei zu einer schaumigen Masse verrühren. Diese zum Mehl geben und alles zu einem festen Hefeteig verkneten.
3. Die Sultaninen mit dem Rum tränken. Das Vanillemark, die Mandeln, das Zitronat, das Orangeat, die Zitronenschale, den Zitronensaft, das Salz und die Sultaninen unter den Teig kneten. Den Teig nochmals 1 bis 2 Stunden gehen lassen.
4. Den Teig zu einem langen Strang formen. Diesen in der Mitte mit einem Nudelholz dünner walzen, mit Wasser bestreichen und einen Teil überschlagen. Nochmals kurz gehen lassen.
5. Den Backofen auf 175° C vorheizen. Ein Backblech mit Backpapier auslegen und den Stollen daraufsetzen. Etwa 60 Minuten backen lassen.
6. Den noch heißen Stollen mit Öl bepinseln und mit Puderzucker bestäuben.

Quarkvollkornstollen

ZUBEREITUNGSZEIT: 1 ½ STD.
ETWA 20 STÜCK
CA. 230 KCAL JE STÜCK

250 g Weizen
200 g Dinkel
175 ml Milch
30 g Hefe
75 g Akazienhonig
250 g Quark
je 1 Pr. Salz, Kardamom und Muskatblüte
1 TL Zimt
etwas Mark einer Vanilleschote
1 TL Rum
150 g Butter
100 g Rosinen
200 g ungeschwefelte Trockenfrüchte nach Belieben
100 g ganze geschälte Mandeln
Butter zum Bestreichen

1. Das Getreide fein mahlen. Die lauwarme Milch mit der Hefe verrühren. Den Honig, den Quark, die Gewürze, den Rum und das Mehl dazugeben, alles gut verkneten. Den Teig anschließend etwa 20 bis 30 Minuten gehen lassen.
2. Den Backofen auf 190° C vorheizen. Die Butter, die Trockenfrüchte und die Mandeln einkneten. Den Teig nochmals gut durchkneten, zu einem Stollen formen und auf ein bemehltes, mit Backpapier belegtes Blech geben.
3. Den Stollen etwa 30 Minuten bei 190° C, dann 20 bis 30 Minuten bei 160° C backen. Nach dem Backen den Stollen mit flüssiger Butter bestreichen.

TIP

Sollten die Trockenfrüchte zu hart sein, weichen Sie sie vorher einige Zeit in Wasser ein und fügen dem Teig eventuell noch etwas Mehl hinzu.
Bräunt der Stollen zu stark, decken Sie ihn mit Alufolie oder Pergamentpapier ab.

Osterbrot

ZUBEREITUNGSZEIT: CA. 60 MIN.
ETWA 18 SCHEIBEN
CA. 140 KCAL JE SCHEIBE

500 g Weizen
1 geh. EL Anis
150 ml Milch
30 g frische Hefe
1 Msp. Salz
5 EL Öl
1 Ei
1 geh. EL Honig
1 geh. EL Zucker
4 EL Milch
1 EL Öl

1. Den Weizen zusammen mit dem Anis fein mahlen.
2. Die Hefe in der warmen Milch auflösen und zum Mehl geben. Das Salz, das Öl, das Ei, den Honig und den Zucker zum Mehl geben und den Teig gut verkneten. Die Milch nach und nach zugeben, so daß ein fester Hefeteig entsteht. Den Teig an einem warmen Ort gehen lassen.
3. Den Backofen auf 175° C vorheizen. Ein Backblech mit Backpapier belegen. Den Teig zu einem länglichen, hohen Strang formen und auf das Backblech setzen. Mit einer Gabel kreuzförmig die Oberfläche einstechen und mit Öl bepinseln. Nochmals gehen lassen.
4. Das Brot ca. 30 Minuten hellbraun backen.

Kürbisbrot

ZUBEREITUNGSZEIT: CA. 60 MIN.
ETWA 20 SCHEIBEN
CA. 125 KCAL JE SCHEIBE

600 g Weizen
30 g Hefe
125 g lauwarmes Wasser
1 EL Honig
200 g Kürbis, 100 g Äpfel
60 g geriebene Mandeln
Saft von ½ Zitrone
je 1 Pr. gemahlener Zimt und Nelken
150 g Dickmilch, 2 TL Salz

1. Den Weizen fein mahlen. Die Hefe im lauwarmen Wasser auflösen, den Honig und die Hälfte des Mehls zufügen, gut durchrühren und gehen lassen.
2. Inzwischen den Kürbis schälen und grob raspeln, den Apfel waschen, vom Kerngehäuse befreien und ebenfalls grob raspeln.
3. Den Kürbis, die Äpfel, die Mandeln, den Zitronensaft und die Gewürze miteinander mischen. Mit den restlichen Zutaten zu dem Vorteig geben.
4. Das restliche Mehl mit dem Salz dazugeben, den Teig in einer Schüssel etwa 5 Minuten kneten, anschließend 30 Minuten gehen lassen. Diesen Vorgang 2- bis 3mal wiederholen.
5. Den Backofen auf 250° C vorheizen. Den Teig zu einem Laib formen und nochmals 20 Minuten gehen lassen. 25 Minuten backen.

Grundansatz für das Backen von Vollkornbrot

10 g Backferment (in Reformhäusern oder Naturkostläden erhältlich)
100 ml Wasser
250 g Weizen

1. Das Backferment mit dem lauwarmen Wasser vermengen. 100 g Weizen grob mahlen und zugeben. Die Masse bei Zimmertemperatur in einem hohen Gefäß zugedeckt ca. 24 Std. gehen lassen.
2. Restlichen Weizen fein mahlen und mit 2 Eßlöffel Wasser untermengen. Den Teig nochmals 24 Std. gehen lassen. Nun ist der Grundansatz zur weiteren Verwendung fertig.

TIP

Es gibt teilweise auch fertigen Grundansatz zu kaufen, der gekühlt (jedoch nicht unter 0° C) aufbewahrt werden muß.

Vollkornbrot

ZUBEREITUNGSZEIT: CA. 120 MIN.
ETWA 25 SCHEIBEN
CA. 125 KCAL JE SCHEIBE

600 g Weizen
½ Tasse Grundansatz
300 ml Wasser
400 g Roggen
1 gestr. EL Salz
500 ml Wasser

1. Den Weizen fein mahlen. Die Hälfte mit dem Grundansatz und dem warmen Wasser vermengen. Den Teig 8 bis 12 Stunden bei Zimmertemperatur zugedeckt stehenlassen. ½ Tasse davon abnehmen und verschlossen im Kühlschrank als Grundansatz für das nächste Brotbacken aufbewahren.
2. Den Roggen grob mahlen. Den restlichen Weizen, den Roggen mit dem Salz und dem heißen Waser zu einem weichen Teig mischen und mit dem ersten Teig gut verkneten. Nochmals 60 Minuten gehen lassen.
3. Den Backofen auf 250° C vorheizen. Eine Kastenform mit Öl einpinseln. Den Teig hineingeben und glattdrücken. Den Teig nochmals gehen lassen, bis er um ⅓ höher geworden ist.
4. Das Brot zunächst 30 Minuten bei 250° C, danach noch 60 Minuten bei 200° C backen.

Roggenbrot

Zubereitungszeit: ca. 105 Min.
etwa 25 Scheiben
ca. 125 kcal je Scheibe

300 g Roggen
1 Tasse Grundansatz
300 ml Wasser
700 g Roggen
1 EL Kümmel
1 EL Salz
500 ml Wasser

1. Den Roggen grob mahlen und mit dem Grundansatz und dem warmen Wasser vermengen. Den Teig 8 bis 12 Stunden bei Zimmertemperatur zugedeckt stehenlassen. ½ Tasse davon abnehmen und verschlossen im Kühlschrank als Grundansatz für das nächste Brotbacken aufbewahren.
2. Den Roggen zusammen mit dem Kümmel fein mahlen. Mit dem Salz und dem heißen Wasser zu einem weichen Teig mischen. Den ersten Teig zugeben und gut verkneten. Den Teig nochmals 60 Minuten gehen lassen.
3. Den Backofen auf 250° C vorheizen. Eine Kastenform mit Öl einpinseln, den Teig hineingeben und glattdrücken. Den Teig nochmals gehen lassen, bis er um ⅓ höher geworden ist. Das Brot zunächst 30 Minuten bei 250° C, danach 45 Minuten bei 200° C backen.

Haferbrot

Zubereitungszeit: ca. 120 Min.
etwa 25 Scheiben
ca. 140 kcal je Scheibe

600 g Weizen
½ Tasse Grundansatz
250 ml Wasser
400 g Hafer
2 TL Anis
1 EL Salz
600 ml Wasser

1. Die Hälfte des Weizens fein mahlen. Mit dem Grundansatz und dem warmen Wasser vermengen und 8 bis 12 Stunden bei Zimmertemperatur stehenlassen. ½ Tasse davon abnehmen und verschlossen im Kühlschrank als Grundansatz für das nächste Brotbacken aufbewahren – das kommt bestimmt!
2. Den Hafer zusammen mit dem restlichen Weizen und dem Anis mischen und grob mahlen. Mit dem Salz und dem heißen Wasser zu einem weichen Teig mischen. Den ersten Teig zugeben und gut verkneten. Nochmals 60 Minuten gehen lassen.
3. Den Backofen auf 250° C vorheizen. Eine Kastenform mit Öl einpinseln. Den Teig einfüllen und glattdrücken. Nochmals gehen lassen, bis er um ⅓ höher geworden ist. Das Brot zunächst 30 Minuten bei 250° und danach 60 Minuten bei 200° C backen.

Gewürzbrot

ZUBEREITUNGSZEIT: CA. 120 MIN.
ETWA 25 SCHEIBEN
CA. 135 KCAL JE SCHEIBE

600 g Weizen
½ Tasse Grundansatz
250 ml Wasser
400 g Roggen
je ½ TL Fenchel und Anis
je 1 TL Kümmel und Koriander
50 g Sonnenblumenkerne
1 EL Salz, 750 ml Wasser

1. Die Hälfte des Weizens grob mahlen. Mit dem Grundansatz und dem warmen Wasser vermengen und 8 bis 12 Stunden bei Zimmertemperatur abgedeckt stehenlassen. ½ Tasse davon abnehmen und verschlossen im Kühlschrank aufbewahren.
2. Den restlichen Weizen fein mahlen. Den Roggen mit den Gewürzen mischen und grob mahlen. Mit dem Weizenmehl, den Sonnenblumenkernen, dem Salz und dem heißen Wasser zu einem weichen Teig mischen. Den ersten Teig zugeben und gut verkneten. Nochmals 60 Minuten gehen lassen.
3. Den Backofen auf 250° C vorheizen. Eine Kastenform mit Öl auspinseln. Den Teig hineingeben, glattdrücken und nochmals gehen lassen, bis er um ⅓ höher geworden ist. Das Brot 30 Minuten bei 250° C und danach 60 Minuten bei 200° C backen.

Maisbrot

ZUBEREITUNGSZEIT: CA. 120 MIN.
ETWA 25 SCHEIBEN
CA. 135 KCAL JE SCHEIBE

500 g Weizen
½ Tasse Grundansatz
300 ml Wasser
500 g Mais
1 EL Salz
500 ml Wasser

1. Die Hälfte des Weizens fein mahlen. Mit dem Grundansatz und dem warmen Wasser vermengen und 8 bis 12 Stunden bei Zimmertemperatur abgedeckt stehenlassen. ½ Tasse davon abnehmen und verschlossen im Kühlschrank als Grundansatz für das nächste Brotbacken aufbewahren.
2. Den Mais und den restlichen Weizen fein mahlen. Mit dem Salz und dem heißen Wasser zu einem weichen Teig mischen. Den ersten Teig zugeben und gut verkneten. Nochmals 60 Minuten gehen lassen.
3. Den Backofen auf 250° C vorheizen. Eine Kastenform mit Öl auspinseln. Den Teig einfüllen, glattdrücken und nochmals gehen lassen, bis er um ⅓ höher geworden ist. Das Brot zunächst 30 Minuten bei 250° C und danach 60 Minuten bei 200° C backen.

Karottenbrot

ZUBEREITUNGSZEIT: CA. 105 MIN.
CA. 25 SCHEIBEN
CA. 170 KCAL JE SCHEIBE

500 g Weizenmehl Type 1050
½ Tasse Grundansatz
250 ml Wasser
300 g Roggenbackschrot Type 1800
500 g Weizenmehl Type 1050
200 g geriebene Karotten
⅛ l warmes Wasser
4 TL Salz
1 TL Zucker
½ TL gemahlener weißer Pfeffer
2 EL Speiseöl
Margarine für das Blech

1. Die Hälfte des Weizenmehls mit dem Grundansatz und dem warmen Wasser vermengen und 8 bis 12 Stunden bei Zimmertemperatur abgedeckt stehenlassen.
2. Den Vorteig mit den übrigen Zutaten so verkneten, daß ein fester, geschmeidiger Teig entsteht. Den Teig in eine Schüssel geben und diese in einen großen Plastikbeutel schieben. Zugedeckt an einem warmen Ort 1 Stunde gehen lassen. Den gegangenen Teig mit Mehl bestreuen und auf eine Arbeitsfläche stürzen. Dann kräftig durchkneten, bis der Teig nicht mehr klebt und geschmeidig ist.
3. Einen runden Laib formen und auf ein gefettetes Backblech legen. Zugedeckt diesen an einem warmen Ort aufgehen lassen, bis sich sein Volumen verdoppelt hat. Den Laib mit warmem Wasser bestreichen und mit einem Schaschlikspieß Löcher hineinstechen.
4. Den Backofen auf 250° C vorheizen. Ein feuerfestes, mit heißem Wasser gefülltes Gefäß in den Ofen stellen und das Brot auf der mittleren Einschubleiste 10 Minuten backen. Dann den Ofen auf 200° C herunterschalten und das Brot weitere 50 Minuten backen.

Rezept für die Herstellung von Sauerteig

125 g Roggen
125 ml Wasser
1 EL Buttermilch
½ TL Honig

1. Den Roggen grob mahlen und mit dem lauwarmen Wasser, der Buttermilch und dem Honig gut vermengen.
2. Den Teig 3 Tage lang bei 25–35° C (z. B. Wärmflasche) in einem Gefäß, luftdurchlässig abgedeckt stehenlassen und dabei täglich einmal umrühren. Der fertige Sauerteig schmeckt säuerlich, wirft Blasen und wird rissig.
3. Der Sauerteig kann luftdurchlässig abgedeckt im Kühlschrank gelagert werden.

Sauerteigbrot

ZUBEREITUNGSZEIT: CA. 120 MIN.
ETWA 25 SCHEIBEN
CA. 120 KCAL JE SCHEIBE

600 g Roggen
1 knappe Tasse Sauerteig
750 ml Wasser
400 g Weizen
1 gestr. EL Salz

1. Die Hälfte des Roggens grob mahlen. Das Mehl mit dem Sauerteig und dem warmen Wasser vermengen und 12 Stunden bei Zimmertemperatur stehenlassen.
2. Den restlichen Roggen und den Weizen fein mahlen und mit dem Salz zum Vorteig geben. Den Teig gut verkneten.
3. Den Backofen auf 250° C vorheizen. Eine Kastenform mit Öl auspinseln. Den Teig einfüllen, glattdrücken und nochmals 2 Stunden gehen lassen.
4. Das Brot zunächst 30 Minuten bei 250° C und danach 1 Stunde bei 200° C backen.

TIP
Zusätzlich zum Salz können Sie auch Gewürze wie Kümmel, Fenchel, Anis oder Koriander beifügen. Mahlen Sie diese zusammen mit dem Getreide und erhöhen Sie die Wassermenge um 100 ml.

Olivenbrot

ZUBEREITUNGSZEIT: CA. 120 MIN.
CA. 25 SCHEIBEN
CA. 70 KCAL JE SCHEIBE

400 g Weizenvollkornmehl
1 TL Salz
20 g frische Hefe (½ Würfel)
¼ l warme Milch
50 g schwarze Oliven
50 g grüne Oliven
1 EL Sonnenblumenkerne
Margarine für das Blech

1. Mehl mit Salz in einer Schüssel mischen. Die Hefe zerbröckeln und in der Milch auflösen. Die Oliven jeweils entkernen, grob hacken und zusammen mit den Sonnenblumenkernen und der angerührten Hefe zum Mehl geben.
2. Alle Zutaten zu einem geschmeidigen Teig verarbeiten. Zugedeckt an einem warmen Ort etwa 1½ Stunden gehen lassen. Einen länglichen Laib formen und diesen auf ein gefettetes Blech setzen.
3. Die Teigoberfläche mit einem Messer über Kreuz einschneiden und mit etwas Mehl bestäuben. Nochmals ½ Stunde gehen lassen. Den Backofen auf 220° C vorheizen.
4. Das Brot auf der untersten Schiene des Ofens ½ Stunde lang backen. Dann den Ofen auf 180° C herunterschalten und das Olivenbrot in weiteren 25 Minuten fertig backen.

Sesamvollkornbrot

ZUBEREITUNGSZEIT: CA. 60 MIN.
CA. 20 SCHEIBEN
CA. 78 KCAL JE SCHEIBE

20 g frische Hefe (½ Würfel)
300 ml lauwarme Buttermilch
300 g Weizenvollkornmehl
½ TL Salz, 75 g Sesamkörner
½ TL gemahlener Koriander
1 TL Margarine für die Form

1. Die Hefe in der lauwarmen Buttermilch auflösen. Mit etwas Weizenvollkornmehl bestreuen und den Ansatz an einem warmen Ort 15 bis 20 Minuten gehen lassen. Inzwischen die Sesamkörner in einer beschichteten Pfanne ohne Fettzugabe bräunen.
2. Das restliche Mehl zusammen mit Salz, Sesamkörnern, Koriander und Hefeansatz zu einem Teig verkneten. Den Teig zu einer Rolle formen und diese in eine ausgefettete, mit etwas Mehl ausgestreute Kastenform legen. Zugedeckt an einem warmen Ort zur doppelten Größe aufgehen lassen.
3. Den Backofen auf 200° C vorheizen und ein feuerfestes, mit heißem Wasser gefülltes Gefäß auf den Boden des Ofens stellen. Das Brot mit etwas Wasser bestreichen, mit den restlichen Sesamkörnern bestreuen und auf der mittleren Einschubleiste des Ofens 30 bis 40 Minuten backen.
4. Das Brot aus der Form stürzen, auf einem Kuchengitter auskühlen lassen.

Sonnenblumenbrot

ZUBEREITUNGSZEIT: CA. 90 MIN.
CA. 25 SCHEIBEN
CA. 160 KCAL JE SCHEIBE

50 g Weizenkörner
800 g Roggenbackschrot Type 1800
200 g Weizenbackschrot Type 1700
1 EL Salz
60 g frische Hefe (1 ½ Würfel)
600 ml lauwarmes Wasser
50 g zerlassene Margarine
50 g Sonnenblumenkerne
Margarine für das Blech
Milch zum Bepinseln
Sonnenblumenkerne zum Bestreuen

1. Die Weizenkörner mit heißem Wasser überbrühen und über Nacht quellen lassen. Diese dann in ein Sieb geben und gründlich abtropfen lassen.
2. Beide Schrotarten zusammen mit Salz, zerbröckelter Hefe, Wasser und zerlassener, etwas abgekühlter Margarine zu einem glatten Teig verkneten. Zugedeckt zur doppelten Größe aufgehen lassen, dann Sonnenblumenkerne und Weizenkörner untermengen.
3. Aus dem Teig einen Brotlaib formen. Etwas Teig für die Garnierung beiseite legen. Den Laib auf ein gefettetes Backblech legen und mit Milch bepinseln. Aus dem Teigrest drei Rollen formen, einen Zopf daraus flechten und diesen auf das Brot legen. Zugedeckt aufgehen lassen. Den Backofen auf 200° C vorheizen.
4. Das Brot nochmals mit Milch bepinseln und etwa 50 Minuten im Ofen backen. Etwa 10 Minuten vor Ende der Backzeit den Ofen öffnen und das Brot mit Sonnenblumenkernen bestreuen.

Scharfes Tomatenbrot

Zubereitungszeit: ca. 90 Min.
Zeit zum Gehen: ca. 105 Min.
ca. 25 Scheiben
ca. 100 kcal je Scheibe

500 g Weizenvollkornmehl
40 g frische Hefe (1 Würfel)
½ TL flüssiger Honig
300 ml lauwarmes Wasser
2 TL Salz
2 EL Tomatenmark
100 g eingelegte grüne Pfefferkörner
4 EL Sonnenblumenöl
Butter für das Blech
1 Eigelb
2 EL Weizenkleie
1 TL edelsüßes Paprikapulver

1. Das Weizenvollkornmehl in eine Schüssel geben und dann in die Mitte eine Vertiefung drücken. Die Hefe zusammen mit Honig und einigen Eßlöffeln Wasser verrühren, in die Mulde geben und anschließend etwa 20 Minuten an einem warmen Ort gehen lassen.
2. Restliches Wasser, Salz, Tomatenmark, Pfefferkörner und Sonnenblumenöl hinzufügen und alles gut verkneten. Den Teig an einem warmen Ort etwa ½ Stunde gehen lassen.
3. Den Teig zu einem ovalen Laib formen, auf ein gefettetes Blech legen und an einem warmen Ort etwa ½ Stunde gehen lassen. Die Oberfläche mit Eigelb bestreichen und mehrmals quer einschneiden.
4. Den Backofen auf 200° C vorheizen. Die Weizenkleie mit dem Paprikapulver vermischen und auf der Teigoberfläche verteilen. Das Brot im Ofen etwa 50 Minuten backen.

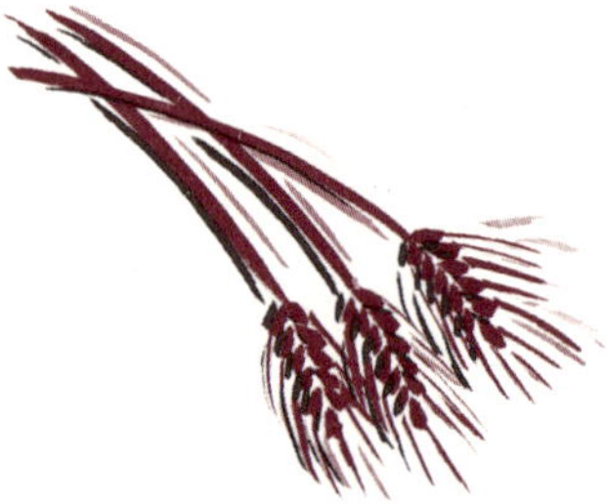

Buttermilch-Nuß-Brot

Zubereitungszeit: ca. 90 Min.
Zeit zum Gehen: ca. 75 Min.
ca. 18 Scheiben
ca. 200 kcal je Scheibe

250 g Weizenvollkornmehl
200 g Gerstenvollkornmehl
40 g frische Hefe (1 Würfel)
350 ml lauwarme Buttermilch
1 TL Salz
200 g gehackte Haselnüsse
80 g Haselnußblättchen

1. Weizen- und Gerstenvollkornmehl in einer Schüssel mischen und in die Mitte eine Vertiefung drücken. Die Hefe in 100 ml Buttermilch auflösen und in die Mulde geben. An warmem Ort etwa 20 Minuten gehen lassen.
2. Dann die restliche Buttermilch und das Salz hinzufügen und alles kräftig miteinander verkneten. Zum Schluß die Haselnüsse unterarbeiten, den Teig etwa 3/4 Stunden gehen lassen.
3. Den Teig nochmals kneten und zu einem ovalen Laib formen. Eine Kastenform ausfetten, mit der Hälfte der Haselnußblättchen ausstreuen und den Laib hineinlegen.
4. Den Backofen auf 200° C vorheizen. Die Oberfläche des Laibes mit etwas Wasser bestreichen, die restlichen Haselnußblättchen darüberstreuen und das Ganze nochmals etwa 1/4 Stunde gehen lassen. Dann das Brot etwa 3/4 Stunden im Ofen backen.

Frühstücksknäckebrot

Zubereitzungszeit: ca. 15 Min.
etwa 20 Scheiben
ca. 85 kcal je Scheibe

100 g Buchweizen
200 g Dinkel
2 EL Tahin (Sesammus)
1 EL Sesamöl
1 TL Salz
etwa 250 ml lauwarmes Wasser
Öl für das Blech
Sesam und Mohn zum Bestreuen

1. Dinkel und Buchweizen fein mahlen.
2. Tahin, Sesamöl, Salz und Wasser hinzufügen und alles mit den Knethaken des Handrührgerätes zu einem weichen Teig verkneten. Diesen zugedeckt mindestens eine halbe Stunde quellen lassen.
3. Anschließend das Backblech einölen und den Teig darauf verteilen. Mit einem nassen Löffel glatt streichen. Rechtecke gewünschter Größe ausradeln und die Oberfläche mit dem Sesam und dem Mohn bestreuen. Leicht andrücken.
4. Das Blech auf der mittleren Leiste in den vorgeheizten Backofen schieben und bei 220° C 15 bis 20 Minuten backen. Auf einem Kuchengitter auskühlen lassen.

Kürbiskernbrot

ZUBEREITUNGSZEIT: CA. 105 MIN.
CA. 18 SCHEIBEN
CA. 190 KCAL JE SCHEIBE

250 g Roggenvollkornmehl
275 ml lauwarmes Wasser
250 g Weizenvollkornmehl
60 g grob gehackte Walnüsse
25 g frische Hefe (½ Würfel)
2 EL Sonnenblumenöl
2 EL flüssiger Honig
1 TL Salz
1 TL gemahlener Koriander
1 TL gemahlener Fenchel
100 g ungeschwefelte getrocknete Aprikosen in Würfeln
100 g Kürbiskerne

1. Das Roggenvollkornmehl mit 150 ml Wasser verrühren und über Nacht quellen lassen. Das Weizenvollkornmehl in eine große Schüssel geben und mit Walnüssen, Hefe, Sonnenblumenöl, Honig, restlichem Wasser, Salz und Gewürzen mischen. Alles mit dem gequollenen Roggenvollkornmehl kräftig durchkneten, bis ein fester Teig entsteht.
2. Zum Schluß Aprikosenwürfel und Kürbiskerne unterarbeiten. Den Teig an einem warmen Ort etwa 2 Stunden gehen lassen. Dann nochmals durchkneten, einen runden Laib daraus formen, auf ein gefettetes Blech setzen und nochmals ½ Stunde gehen lassen.
3. Den Ofen auf 200° C vorheizen. Die Teigoberfläche gleichmäßig mit lauwarmem Wasser bestreichen und mit einem Messer rautenförmig einschneiden. Das Brot 10 Minuten gehen lassen und dann etwa 1 Stunde im Ofen backen.

Müslibrot

ZUBEREITUNGSZEIT: CA. 105 MIN.
ETWA 25 SCHEIBEN
CA. 205 KCAL JE SCHEIBE

200 g Dinkel
100 g Gerste
100 g Hafer
200 g Hirse
etwa 500 ml lauwarmes Wasser
500 g Weizen
2 TL Salz
1 ½ Würfel Hefe
200 bis 250 ml lauwarmes Wasser
50 g Haselnüsse
50 g Walnüsse
50 g Rosinen
50 g Sonnenblumenkerne
50 g Sesam
Haferflocken zum Bestreuen

1. Dinkel, Gerste, Hafer und Hirse mittelfein mahlen, mit 500 ml lauwarmem Wasser verrühren und anschließend zugedeckt bei Zimmertemperatur etwa 2 bis 3 Stunden quellen lassen.
2. Inzwischen den Weizen fein mahlen und mit dem Salz mischen. Die Hefe in dem lauwarmen Wasser auflösen. Beides zu dem gequollenen Getreidebrei geben.
3. Alles gut zu einem glatten, nicht zu festen Teig verkneten. Diesen zur Kugel formen und zugedeckt an einem warmen Ort etwa 1 Stunde gehen lassen, bis sich sein Volumen verdoppelt hat.
4. Die Nüsse grob hacken und zusammen mit den gewaschenen, gut abgetropften Rosinen, den Sonnenblumenkernen und dem Sesam zum Teig geben und unterkneten.
5. Eine runde Brotbackform oder Springform einfetten und den zur Kugel geformten Teig hineingeben.
6. An einem warmen Ort noch einmal 30 bis 40 Minuten gehen lassen.
7. Danach die Oberfläche des Brotes mit lauwarmem Wasser bestreichen, die Haferflocken darüberstreuen und leicht andrücken.
8. Auf der untersten Leiste in den kalten Backofen schieben, eine feuerfeste Schüssel mit heißem Wasser danebenstellen. Das Brot bei 250° C etwa 30 Minuten und dann bei 200° C weitere 35 Minuten backen.
9. Das Brot vor dem Anschneiden mindestens 4 Stunden auf einem Kuchengitter auskühlen lassen.

TIP
Trotz seiner Rosinen und Nüsse ist dieses Müslibrot kein süßes Brot, sondern verträgt eigentlich jede Form von Belag.

Vollkorn-Weizenbrötchen

ZUBEREITUNGSZEIT: CA. 105 MIN.
ETWA 20 STÜCK
CA. 170 KCAL JE STÜCK

1000 g Weizen
80 g frische Hefe
2 TL Salz
750 ml Wasser
nach Belieben Mohn, Kümmel oder Sesam

1. Den Weizen fein mahlen.
2. Die Hefe und das Salz im warmen Wasser auflösen und nach und nach zum Mehl gießen. Den Teig gut kneten.
3. Den Teig zu einer Rolle formen. Ca. 20 Stücke davon abschneiden und zu Brötchen formen. Die Oberfläche mit Wasser bestreichen und die Brötchen nach Belieben in Mohn, Kümmel oder Sesam eintauchen.
4. Ein Backblech mit Backpapier auslegen. Die Brötchen darauf setzen und in den kalten Backofen schieben. Ca. 50 Minuten bei 225° C backen.

Nußbrötchen

ZUBEREITUNGSZEIT: CA. 105 MIN.
ETWA 10 STÜCK
CA. 205 KCAL JE STÜCK

500 g Weizen
50 g Haselnüsse
40 g frische Hefe
1 TL Salz
375 ml Wasser
50 g Rosinen

1. Den Weizen fein mahlen. Die Nüsse in einer Pfanne ohne Fett unter Rühren anrösten, abkühlen lassen und danach grob mahlen.
2. Die Hefe und das Salz in dem warmen Wasser auflösen. Mit den Rosinen zum Mehl geben und gut verkneten.
3. Ein Backblech mit Backpapier auslegen. Aus dem Teig eine Rolle formen und diese in 10 Stücke schneiden. Brötchen formen und auf das Backblech setzen.
4. Brötchen gehen lassen, bis sie um ⅓ größer geworden sind. Den Backofen auf 225° C vorheizen. Etwa 45 Minuten backen.

Leinsamenbrötchen

ZUBEREITUNGSZEIT: CA. 105 MIN.
ETWA 10 STÜCK
CA. 180 KCAL JE STÜCK

500 g Weizen
50 g Leinsamen
40 g frische Hefe
1 TL Salz
375 ml Wasser

1. Den Weizen und die Hälfte des Leinsamens fein mahlen.
2. Die Hefe mit dem Salz in dem warmen Wasser auflösen und zum Mehl geben. Den restlichen Leinsamen zufügen und den Teig gut verkneten.
3. Ein Backblech mit Backpapier auslegen. Aus dem Teig eine Rolle formen, 10 Stücke davon abschneiden und zu Brötchen formen. Auf das Backblech setzen.
4. Die Brötchen gehen lassen, bis sie um ⅓ größer geworden sind. Den Backofen auf 225° C vorheizen. Die Brötchen etwa 45 Minuten backen lassen.

Käsebrötchen

ZUBEREITUNGSZEIT: CA. 105 MIN.
ETWA 10 STÜCK
CA. 190 KCAL JE STÜCK

300 g Weizen
100 g Gerste
100 g Hirse
½ TL Kümmel
½ TL Fenchel
½ TL Koriander
40 g frische Hefe
½ TL Salz
350 ml Wasser
75 g Hartkäse

1. Das Getreide und die Gewürze gut mischen und fein mahlen.
2. Die Hefe und das Salz in dem warmen Wasser auflösen und zum Mehl geben. Den Teig gut verkneten.
3. Den Käse fein reiben. 2 EL beiseite legen, den restlichen Käse unter den Teig kneten.
4. Den Teig zu einer Rolle formen, 10 Stücke davon abschneiden und zu Brötchen formen. Brötchen mit der Oberseite in den restlichen Käse drücken.
5. Ein Backblech mit Backpapier auslegen. Die Brötchen darauf setzen und gehen lassen, bis sie um ⅓ größer geworden sind.
6. Den Backofen auf 225° C vorheizen. Brötchen ca. 40 Minuten backen.

Zwiebelbrötchen

ZUBEREITUNGSZEIT: CA. 105 MIN.
ETWA 10 STÜCK
CA. 185 KCAL JE STÜCK

250 g Roggen
250 g Weizen
1 Zwiebel
1 TL Kümmel
40 g frische Hefe
1 ½ TL Salz
350 ml Wasser
4 EL Öl

1. Den Roggen und den Weizen fein mahlen.
2. Die Zwiebel schälen und fein würfeln. Mit dem Kümmel zum Mehl geben.
3. Die Hefe und das Salz in dem warmen Wasser auflösen. Mit dem Öl zum Mehl geben und den Teig gut verkneten.
4. Den Teig zu einer Rolle formen, in 10 Stücke schneiden und Brötchen daraus formen.
5. Ein Backblech mit Backpapier auslegen. Die Brötchen darauf setzen und gehen lassen, bis sie um ⅓ größer geworden sind.
6. Den Backofen auf 225° C vorheizen. Die Brötchen mit Wasser bestreichen und ca. 40 Minuten backen.

Gerstenstangen

ZUBEREITUNGSZEIT: CA. 75 MIN.
ETWA 10 STÜCK
CA. 195 KCAL JE STÜCK

250 g Weizen
250 g Gerste
40 g frische Hefe
1 geh. TL Salz
350 ml Wasser
4 EL Öl
2 TL Kümmel

1. Das Getreide fein mahlen.
2. Die Hefe und das Salz in dem warmen Wasser auflösen. Mit dem Öl zum Mehl geben und den Teig gut verkneten. Den Kümmel untermischen.
3. Den Teig in 10 Stücke teilen und jeweils zu einer Rolle formen. Die Oberfläche 2–3mal schräg einschneiden.
4. Ein Backblech mit Backpapier auslegen. Die Teigstücke darauf setzen und gehen lassen, bis sie um ⅓ größer geworden sind.
5. Den Backofen auf 225° C vorheizen. Die Gerstenstangen ca. 45 Minuten backen.

Sesamvollkornbrötchen

ZUBEREITUNGSZEIT: 45 MIN.
ETWA 20 STÜCK
CA. 140 KCAL JE STÜCK

30 g Hefe
400 ml lauwarmes Wasser
150 g Sesam
150 g feines Roggenvollkornmehl
450 g feines Weizenvollkornmehl
1 bis 2 TL Salz
etwas Milch oder Wasser
3 EL Sesam

1. Die Hefe in lauwarmem Wasser auflösen und mit dem noch mahlwarmen Vollkornmehl und den übrigen Zutaten zu einem geschmeidigen Teig verkneten.
2. Den Teig gut durchkneten und 30 Minuten ruhen lassen, zwischendurch 1- bis 2mal durchkneten.
3. Den Backofen auf 225° C vorheizen. Aus dem Teig 20 gleichgroße Brötchen formen. Mit Milch oder kaltem Wasser bestreichen und mit dem Sesam bestreuen. Die Brötchen etwa 25 Minuten backen.

Joghurtbrötchen

ZUBEREITUNGSZEIT: CA. 75 MIN.
CA. 24 STÜCK
CA. 190 KCAL JE STÜCK

1 kg Dinkelvollkornmehl
½ TL Salz
2 Becher zimmerwarmer Vollmilchjoghurt (300 g)
50 g weiche Butter
40 g frische Hefe (1 Würfel)
200–250 ml lauwarme Milch
Butter für das Blech

1. Dinkelmehl und Salz zu einer Schüssel vermischen, Joghurt und Butter hinzufügen. Die Hefe zerbröckeln, in der lauwarmen Milch auflösen und die Mischung dazugießen. Alle Zutaten in etwa 10 Minuten zu einem glatten, weichen Teig verkneten, der nicht mehr klebt und der sich vom Schüsselrand löst.
2. Den Teig zu einer Kugel formen und zugedeckt an einem warmen Ort etwa 1 Stunde gehen lassen, bis sich sein Volumen verdoppelt hat. Dann den gegangenen Teig noch einmal kurz durchkneten.
3. Aus dem Teig 20 bis 24 Brötchen formen, diese auf ein gefettetes Backblech setzen und an einem warmen Ort 10 Minuten gehen lassen.
4. Das Blech auf der mittleren Einschubleiste in den kalten Backofen schieben und die Brötchen bei 200° C etwa 35 Minuten backen.

Walnußbrötchen

Zubereitungszeit: ca. 75 Min.
ca. 15 Stück
ca. 120 kcal je Stück

200 g Weizenvollkornmehl
75 g Roggenbackschrot Type 1800
75 g Hafervollkornmehl
20 g frische Hefe (½ Würfel)
125 ml lauwarme Buttermilch
1 TL Salz, 125 ml
kohlesäurehaltiges Mineralwasser
100 g Walnußkerne

1. Weizenvollkornmehl und Roggenbackschrot in einer Schüssel mischen und in die Mitte eine Mulde drücken. Hefe hineinbröckeln, mit Buttermilch und etwas Mehl verrühren und ¼ Stunde gehen lassen.
2. Den Vorteig mit restlichem Mehl, Salz und Mineralwasser verrühren. Den Teig 10 Minuten kneten. An einem warmen Ort 1 Stunde gehen lassen.
3. Die Walnüsse grob hacken und unter den Teig kneten. Den Teig in 15 gleich große Stücke teilen, diese zu Brötchen formen und auf ein gefettetes Blech setzen. ¼ Stunde gehen lassen.
4. Den Backofen auf 250° C vorheizen. Die Brötchen mit Wasser bestreichen und einmal tief einschneiden. Im Ofen etwa 10 Minuten backen. Dann den Ofen auf 200° C schalten und die Brötchen ¼ Stunde backen.

Weizenschrot-Koriander-Brötchen

Zubereitungszeit: ca. 90 Min.
ca. 12 Stück
ca. 145 kcal je Stück

150 g Weizenschrot
150 g Weizenvollkornmehl
1 TL Salz
50 g grob gehackte Walnüsse
1 TL gemahlener Koriander
15 g frische Hefe
125 ml lauwarmes Wasser

1. Weizenschrot über Nacht in Wasser quellen und am nächsten Tag abtropfen lassen.
2. Mehl sowie Weizenschrot mischen. Salz, Walnüsse und Koriander hinzufügen. Die Hefe im Wasser auflösen und die Mischung unter den Teig kneten.
3. Den Teig zugedeckt an einem warmen Ort etwa 1 Stunde gehen lassen. Dann aus dem Teig 12 gleich große Brötchen formen, diese auf ein mit Backpapier belegtes Blech setzen und weitere 20 Minuten gehen lassen.
4. Den Backofen auf 220° C vorheizen. Die Brötchen auf der mittleren Einschubleiste des Ofens etwa 25 Minuten backen.

Laugenbrezeln

ZUBEREITUNGSZEIT: CA. 60 MIN.
ETWA 8 STÜCK
CA. 195 KCAL JE STÜCK

500 g Weizen
40 g frische Hefe
2 TL Salz
300 ml Wasser
4 EL 7%ige Natronlauge
2 EL grobes Salz

1. Den Weizen fein mahlen.
2. Die Hefe und das Salz in dem warmen Wasser auflösen. Zum Mehl geben und den Teig gut verkneten.
3. Den Teig in 8 Stücke teilen und so ausrollen, daß er an den Rändern dünn, in der Mitte dicker ist. Brezeln formen.
4. Ein Backblech mit Backpapier auslegen. Die Brezeln darauf setzen und mit einem Naturborstenpinsel gut mit der Natronlauge bestreichen.
5. In den kalten Backofen schieben und zunächst 20 Minuten bei 250° C auf unterster Schiene backen.
6. Die Brezeln nochmals mit Lauge bestreichen und mit dem Salz bestreuen. Weitere 20 Minuten backen lassen.

TIP
Gehen Sie vorsichtig mit der Natronlauge um! Vermeiden Sie Spritzer auf Haut oder Kleidung und waschen Sie den Pinsel sofort gut aus.

Quark-Käsebrötchen

ZUBEREITUNGSZEIT: CA. 75 MIN.
CA. 15 STÜCK
CA. 155 KCAL JE STÜCK

400 g Weizenbackschrot Type 1700
100 g Roggenbackschrot Type 1800
40 g frische Hefe (1 Würfel)
250 ml lauwarmes Wasser
125 g Magerquark
2 TL Salz, 2 Eigelb
100 g geriebener Käse
1 Pr. edelsüßes Paprikapulver

1. Weizen- und Roggenbackschrot in einer Schüssel mischen und in die Mitte eine Mulde drücken. Die Hefe mit einigen Eßlöffeln Wasser verrühren, in die Mulde geben und etwa 1/4 Stunde gehen lassen.
2. Das restliche Wasser, den Quark und das Salz hinzufügen und alles gut verkneten. Den Teig 1/2 Stunde gehen lassen. Den Käse mit Eigelben und Paprikapulver mischen.
3. Aus dem gegangenen Teig 15 runde Brötchen formen. Jeden Teigkloß flach drücken, in der Mitte auseinanderziehen, dann etwas Käsemasse hineinfüllen. Den Brötchenrand jeweils mit Wasser bestreichen. Mit der Unterseite in Schrot wälzen, auf ein gefettetes Blech setzen und 20 Minuten gehen lassen.
4. Den Backofen auf 220° C vorheizen. Das Blech in den Ofen schieben, die Brötchen etwa 20 Minuten backen.

Sesamstangen mit Rosinen

Zubereitungszeit: ca. 90 Min.
Zeit zum Gehen: ca. 45 Min.
ca. 30 Stück
ca. 125 kcal je Stück

500 g Weizenvollkornmehl
250 g Hafervollkornmehl
2 TL Salz
1 TL gemahlener Anissamen
40 g frische Hefe (1 Würfel)
1 TL Zucker
500 ml lauwarmes Wasser
60 g Pinienkerne
100 g ungeschwefelte Rosinen
je 50 g Sesamkörner und kernige Haferflocken zum Bestreuen
Margarine für das Blech

1. Mehle, Salz und Anis mischen. Hefe zerbröckeln, zusammen mit dem Zucker im Wasser auflösen und zum Mehlgemisch geben. Alles gründlich durchkneten und ½ Stunde an einem warmen Ort gehen lassen.
2. Die Pinienkerne in einer beschichteten Pfanne ohne Fettzugabe rösten und zusammen mit den Rosinen unter den Teig kneten. Den Teig in 30 gleich große Stücke teilen und diese mit den Händen jeweils zu Kugeln formen.
3. Die Kugeln auf einer bemehlten Arbeitsfläche zu etwa 15 cm langen Stangen rollen und diese an einem warmen Ort ¼ Stunde gehen lassen. Sesamkörner und Haferflocken gut mischen.
4. Die Teigstangen auf der Oberseite mit Wasser bestreichen, in die Sesam-Haferflocken-Mischung drücken und auf ein gefettetes Backblech legen. In den kalten Ofen schieben und etwa 20 Minuten bei 200° C backen.

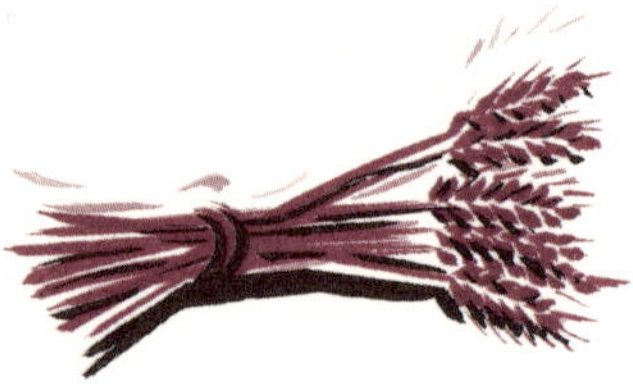

Pizza, Quiche & Co.

Gemüsepizza

ZUBEREITUNGSZEIT: CA. 90 MIN.
ETWA 8 STÜCK
CA. 320 KCAL JE STÜCK

200 g Weizen
200 g Gerste
40 g frische Hefe
½ TL Salz
250 ml Wasser
5 EL Öl
3 Stangen Bleichsellerie
1 Stange Lauch
200 g Champignons
2 EL Öl
125 g süße Sahne
2 EL Tomatenmark
½ TL Thymian
½ TL Oregano
½ TL Paprikapulver
etwas Salz und Pfeffer
4 Tomaten
150 g Hartkäse

1. Das Getreide fein mahlen.
2. Die Hefe und das Salz in dem warmen Wasser auflösen. Mit dem Öl zum Mehl geben und gut verkneten. Den Teig abgedeckt 15 Minuten gehen lassen.
3. Den Sellerie und den Lauch in feine Ringe schneiden. Die Champignons waschen und in Scheiben schneiden.
4. Das Gemüse in dem Öl andünsten. Die Sahne, das Tomatenmark und die Gewürze zufügen und unterrühren.
5. Ein Backblech mit Backpapier auslegen. Den Teig darauf ausrollen und mit der Gemüsemasse belegen.
6. Die Tomaten in Scheiben schneiden und auf dem Teig verteilen.
7. Den Käse fein reiben und über die Pizza streuen.
8. Die Pizza in den kalten Ofen schieben und ca. 50 Minuten bei 225° C backen.

Fladen

ZUBEREITUNGSZEIT: CA. 75 MIN.
ETWA 8 STÜCK
CA. 320 KCAL JE STÜCK

425 g Weizen
175 g Roggen
40 g frische Hefe
1 TL Salz
350 ml Wasser
5 EL Öl
1 Eigelb
1 kleine Zwiebel
50 g Käse
1 TL gemahlener Koriander
1 TL Kümmel
je 1 Pr. Salz und Pfeffer

1. Weizen und Roggen fein mahlen.
2. Die Hefe und das Salz in dem warmen Wasser auflösen. Mit dem Öl zum Mehl geben und gut verkneten. Den Teig abgedeckt 15 Minuten gehen lassen.
3. Den Teig in 8 Stücke teilen und dünn ausrollen. Ein Backblech mit Backpapier auslegen und die Fladen darauf setzen. Mit Eigelb bestreichen.
4. Die Zwiebel schälen und in dünne Ringe schneiden. Den Käse fein reiben.
5. Die Fladen mit den Zwiebelringen, dem Käse und den Gewürzen bestreuen. Weitere 15 Minuten gehen lassen.
6. Den Backofen auf 200° C vorheizen. Die Fladen 20–30 Minuten backen.

Zwiebelkuchen

ZUBEREITUNGSZEIT: CA. 90 MIN.
ETWA 8 STÜCK
CA. 350 KCAL JE STÜCK

200 g Weizen
200 g Roggen
30 g frische Hefe
½ TL Salz
250 ml Wasser
5–6 Zwiebeln
125 g saure Sahne
4 Eier
1 Pr. Salz
2 TL Kümmel
200 g Schinkenspeck
100 g Hartkäse

1. Den Weizen fein, den Roggen gröber mahlen.
2. Die Hefe und das Salz in dem warmen Wasser auflösen. Zum Mehl geben und gut verkneten. Den Teig abgedeckt 15 Minuten gehen lassen.
3. Die Zwiebeln schälen und in feine Ringe schneiden.
4. Die saure Sahne mit den Eiern und dem Salz verquirlen.
5. Ein Backblech mit Backpapier auslegen. Den Teig darauf ausrollen. Die Zwiebelringe darauf verteilen und die verquirlte saure Sahne darübergeben. Den Kümmel darüberstreuen.
6. Den Schinken fein würfeln und auf dem Kuchen verteilen.
7. Den Käse fein reiben und darüberstreuen.

8. Den Kuchen nochmals 15 Minuten gehen lassen.
9. Den Backofen auf 225° C vorheizen. Den Zwiebelkuchen 45 Minuten backen.

Roggenpizza

ZUBEREITUNGSZEIT: CA. 90 MIN.
ETWA 8 STÜCK
CA. 515 KCAL JE STÜCK

500 g Roggen
40 g frische Hefe
1 TL Salz
350 ml Wasser
6 EL Öl
500 g gemischtes Hackfleisch
1 Zwiebel
1 Pr. Salz
2 EL Tomatenmark
2 TL Oregano
2 TL Paprikapulver
1 Pr. Pfeffer
2 TL Thymian
4 Tomaten
100 g Schinkenspeck
150 g Hartkäse

1. Den Roggen fein mahlen.
2. Die Hefe und das Salz in dem warmen Wasser auflösen. Mit 5 Eßlöffel Öl zum Mehl geben und gut verkneten. Den Teig abgedeckt 15 Minuten gehen lassen.
3. Das restliche Öl erhitzen, das Hackfleisch darin anbraten. Die Zwiebel schälen, fein würfeln und zugeben. Das Tomatenmark und die Gewürze zufügen und alles schmoren lassen.
4. Ein Backblech mit Backpapier auslegen. Den Teig darauf ausrollen. Das Hackfleisch darauf verteilen.
5. Die Tomaten in Scheiben schneiden und auf dem Teig verteilen.
6. Den Schinken in feine Streifen schneiden. Den Käse fein reiben. Die Pizza mit beidem belegen und in den noch kalten Backofen schieben. Bei 225° C ca. 50 Minuten backen.

Frischkäsetorte mit Tomaten

ZUBEREITUNGSZEIT: CA. 60 MIN.
ETWA 8 STÜCK
CA. 275 KCAL JE STÜCK

100 g Weizen
etwas Salz
1 kleines Ei
1 EL saure Sahne
80 g Butter
200 g Kräuterfrischkäse
200 g Quark
2 Eigelb
1 EL frisch gehackter Dill
frisch gemahlener Pfeffer
2 Eiweiß
Butter zum Ausfetten
einige frische Kräuter (Oregano und Basilikum)
2 Fleischtomaten

1. Den Weizen fein mahlen. Das Mehl mit etwas Salz und dem Ei mischen, die saure Sahne und die Butter dazugeben und das Ganze zu einem glatten Teig verarbeiten. Gut durchkneten und etwa 30 Minuten ruhen lassen.
2. Inzwischen die Füllung zubereiten. Den Frischkäse und den Quark mit den Eigelben, dem Dill, Pfeffer und Salz abschmecken. Die Eiweiße steif schlagen und locker unter die Käsemasse heben.
3. Den Backofen auf 200° C vorheizen. Den Teig ausrollen und in eine gefettete Springform mit 28 cm Durchmesser legen. Einen Rand von etwa 3 cm hochdrücken.
4. Die Frischkäsemasse auf dem Teig verteilen und mit fein gehacktem Oregano und Basilikum bestreuen. Die Tomaten in Scheiben schneiden und die Torte damit belegen. Die Torte 30 bis 40 Minuten backen.

Vollkornquiche mit Lauch und Krabben

Zubereitungszeit: ca. 1 ¼ Std.
etwa 4 Stück
ca. 610 kcal je Stück

- 125 g Weizen
- 60 g Butter
- 1 Pr. Salz
- 1 bis 3 EL Wasser
- 1 Ei
- 600 g Lauch
- 100 g Zwiebeln
- 2 EL kalt gepreßtes Olivenöl
- 400 ml Milch
- 4 Eier
- etwas Salz
- frisch gemahlener Pfeffer
- frisch geriebene Muskatnuß
- 250 g Krabben
- Butter zum Ausfetten
- 60 g geriebener Emmentaler Käse

1. Den Weizen fein mahlen. Mit einem Messer das Mehl, die Butter und das Salz hacken, das Wasser und das Ei dazugeben, alles rasch zu einem glatten Teig verkneten. Daraus eine Kugel formen und ½ Stunde ruhen lassen.
2. Inzwischen den Lauch putzen, waschen, in Streifen schneiden, die Zwiebeln schälen, ebenfalls in Streifen schneiden. Beides in heißem Olivenöl andünsten.
3. Die Milch mit den Eiern verrühren, mit dem Salz, Pfeffer und Muskatnuß kräftig würzen, mit Lauch- und Zwiebelstreifen mischen. Die Krabben unterheben.
4. Eine Springform mit 28 cm Durchmesser einfetten, den Teig ausrollen, in die Form füllen, dabei einen 2 cm hohen Rand formen.
5. Mehrmals mit einer Gabel einstechen und bei 175° C 10 bis 15 Minuten ohne Belag backen.
6. Die Füllung auf dem Mürbeteigboden verteilen und bei 175° C weitere 25 bis 30 Minuten backen. Etwa 10 Minuten vor Backende mit Käse bestreuen.

Tip

Damit der Boden sich beim Blindbacken nicht löst und er gerade bleibt, belegen Sie ihn mit einem Pergamentpapier, auf das Sie eine dicke Lage Hülsenfrüchte geben. Diese Hülsenfrüchte können Sie immer wieder zum Blindbacken von Böden verwenden.

Käsetorte

ZUBEREITUNGSZEIT: 45 MIN.
ETWA 4 STÜCK
CA. 400 KCAL JE STÜCK

100 g Weizen
50 g Hirse
etwas Salz
7 g Hefe
2 EL lauwarme Milch
1 Ei
2 bis 3 EL Buttermilch
Vollkornmehl zum Bestäuben
50 g Blauschimmelkäse
150 g Quark
2 Eigelb
4 EL Milch
2 EL grobes Hafervollkornschrot
etwas Paprikapulver
frisch geriebene Muskatnuß
1 Pr. Salz
frisch gemahlener Pfeffer
etwas kalt gepreßtes Olivenöl
Butter zum Ausfetten
Vollkornmehl zum Ausstreuen
2 Eiweiß
2 rote Zwiebeln

1. Das Getreide fein mahlen. Das Mehl mit dem Salz mischen. Die Hefe in der Milch auflösen, zusammen mit dem Ei und der Buttermilch unter das Mehl mischen und alles rasch zu einem Teig kneten. Den Teig mit etwas Vollkornmehl bestäuben und zugedeckt gehen lassen, bis er sein Volumen gut verdoppelt hat.
2. Inzwischen die Füllung zubereiten. Den Blauschimmelkäse zerdrücken, mit dem Quark, den Eigelben und der Milch verrühren.
3. Den Hafer unterheben und mit den Gewürzen pikant abschmecken.
4. Eine Tortenform mit 28 cm Durchmesser leicht ausfetten und mit Vollkornmehl ausstreuen. Den Teig ausrollen und in die Form legen, seitlich einen 3 cm hohen Rand andrücken und den Teig nochmals etwas gehen lassen.
5. Inzwischen den Backofen auf 220° C vorheizen, die Eiweiße sehr steif schlagen und locker unter die Käsemasse heben. Die Füllung auf dem Teig verteilen.
6. Die Zwiebeln schälen und in kleine Würfel schneiden, auf die Torte verteilen und mit Salz und Pfeffer würzen.
7. Die Torte bei 220° C 10 Minuten backen, dann weitere 15 bis 20 Minuten bei 190° C fertig backen. Sofort servieren, da die Füllung sonst zusammenfällt.

Vollkorngemüsepizza

ZUBEREITUNGSZEIT: CA. 60 MIN.
ETWA 8 STÜCK
CA. 275 KCAL JE STÜCK

250 g Weizen
10 g Hefe
125 ml lauwarmes Wasser
½ TL Kräutersalz
etwas Salbei
3 EL kalt gepreßtes Olivenöl
1 Zwiebel
1 Knoblauchzehe
5 große Tomaten
1 gelbe Paprikaschote
1 Zucchino
100 g Champignons
Zitronensaft
1 EL kaltgepreßtes Olivenöl
2 EL Tomatenmark
etwas kaltgepreßtes Öl zum Ausfetten
8 schwarze Oliven
300 g Mozzarellakäse
etwas Salz
frisch gemahlener Pfeffer
½ Bund frischer Oregano und Basilikum

1. Den Weizen fein mahlen. Die Hefe in lauwarmem Wasser auflösen, das Mehl und die Gewürze dazugeben und alles gut durchkneten.
2. Dann das Öl hinzufügen und gut einarbeiten. Den Teig etwa 30 Minuten ruhen lassen.
3. In der Zwischenzeit die Zwiebel schälen und in feine Würfel schneiden, die Knoblauchzehe schälen und zerdrücken.
4. Die Tomaten waschen, halbieren und die Kerne mit einem Teelöffel herausnehmen. Die Tomaten in Streifen schneiden. Die Paprikaschote und den Zucchino waschen und würfeln. Die Champignons putzen, in Zitronenwasser kurz waschen und in Scheiben schneiden.
5. Die Zwiebeln und den Knoblauch in heißem Olivenöl andünsten. Die Tomatenkerne und das Tomatenmark dazugeben und zu einer dicken Sauce einkochen lassen.
6. Den Backofen auf 225° C vorheizen. Den Teig zu einer Platte ausrollen und auf ein gefettetes Blech legen. Die Sauce auf die Teigplatte streichen, das Gemüse und die Oliven darauflegen.
7. Die Pizza mit Salz, Pfeffer und fein gehackten Kräutern bestreuen und den in Scheiben geschnittenen Käse darauflegen.
8. Etwa 20 Minuten auf der untersten Schiene backen.

Tomaten-Käse-Kuchen

ZUBEREITUNGSZEIT: CA. 60 MIN.
ETWA 4 STÜCK
CA. 735 KCAL JE STÜCK

150 g Weizen
150 g Quark
150 g Butter
etwas Salz
Butter zum Ausfetten
Vollkornsemmelbrösel zum Bestreuen
6 Tomaten
frisch gemahlener schwarzer Pfeffer
etwas Salz
1 Zwiebel
1 Bund Basilikum
8 schwarze Oliven
100 g Sahne
2 Eier
125 g geriebener Emmentaler Käse

1. Den Weizen fein mahlen. Das Mehl auf eine Arbeitsfläche sieben und eine Mulde eindrücken. Den Quark und die Butter flöckchenweise auf das Mehl verteilen.
2. Eine Prise Salz darüberstreuen und das Ganze von außen nach innen mit bemehlten Händen zu einem glatten Teig kneten. Den Teig in ein feuchtes Küchentuch wickeln und im Kühlschrank mindestens 1 Stunde ruhen lassen.
3. Den Backofen auf 180° C vorheizen. Auf einer bemehlten Arbeitsfläche den Teig ausrollen. Eine runde Pie- oder Mürbeteigform ausfetten, mit Vollkornsemmelbröseln ausstreuen, den Teig hineinlegen, dabei einen 2 cm hohen Rand formen.
4. Mit einer Gabel mehrmals einstechen. Anschließend 10 bis 15 Minuten blind backen.
5. Die Tomaten waschen, den grünen Stielansatz entfernen und die Tomaten in Scheiben schneiden, auf den Tortenboden legen, mit Pfeffer und Salz bestreuen.
6. Die Zwiebel schälen und fein hacken und mit dem fein gehackten Basilikum über die Tomaten streuen. Die Oliven darauf verteilen.
7. Die Sahne mit den Eiern und dem Käse verrühren. Mit Salz und Pfeffer würzen. Die Käsesahne über den Kuchen gießen und weitere 30 Minuten backen.

Pilzragout in Quarkblätterteig

ZUBEREITUNGSZEIT: CA. 90 MIN.
ETWA 4 PORTIONEN
CA. 1015 KCAL JE PORTION

275 g Weizen
200 g gekühlte Butter
250 g Quark
¼ TL Salz
1 große Zwiebel
400 g braune Champignons
Saft von 1 Zitrone
125 g Schinkenspeck
3 EL kalt gepreßtes Olivenöl
Kräutersalz
frisch geriebene Muskatnuß
frisch gemahlener Pfeffer
2 Eigelb
5 EL Sahne
1 EL gehackte Petersilie
1 Eigelb
1 EL Milch
50 g geriebener Emmentaler Käse

1. Den Weizen fein mahlen und 1 Eßlöffel beiseite legen. In einer Schüssel mit dem Knethaken des Handrührgerätes das Weizenvollkornmehl, die klein geschnittene Butter, den Quark und zum Schluß das Salz kurz verkneten.
2. Dann dem Teig 2 bis 3 einfache Touren geben. Dazu den Teig zu einem Band ausrollen, von beiden Seiten zur Mitte hin einschlagen, dann zusammenklappen und wieder auswellen. Zwischen jeder Tour immer wieder kühl stellen.
3. Die Zwiebel schälen und in feine Scheiben schneiden. Die Champignons putzen und in Zitronenwasser kurz waschen, trockentupfen und in feine Scheiben schneiden. Den Schinken fein würfeln.
4. Das Öl erhitzen, die Zwiebelscheiben und den Schinken darin andünsten und dann herausnehmen. Die Champignons in der gleichen Pfanne dünsten, dann mit Kräutersalz und den Gewürzen abschmecken.
5. Das restliche Mehl dazugeben und anschwitzen. Die Eigelbe mit der Sahne mischen und mit den Zwiebeln zu den Pilzen geben. Kurz erhitzen, aber nicht kochen lassen. Das Ragout mit der fein gehackten Petersilie bestreuen.
6. Den Backofen auf 225° C vorheizen. Den Teig dünn ausrollen, mit einem Küchenrädchen in Quadrate von 10 x 10 cm schneiden.
7. Auf diese Quadrate etwas Pilzfüllung geben. Die 4 Ecken zur Mitte hin einschlagen.
8. Das Eigelb und die Milch verquirlen und die Teilchen damit bestreichen. Die Teigtaschen auf ein Backblech setzen. In 20 bis 25 Minuten goldgelb backen, dabei 10 Minuten vor Garende mit dem Käse bestreuen.

Gemüsestrudel

ZUBEREITUNGSZEIT: CA. 90 MIN.
ETWA 4 PORTIONEN
CA. 680 KCAL JE PORTION

250 g Dinkel
½ TL Salz
4 EL kalt gepreßtes Olivenöl
8 bis 10 EL Wasser
2 Zwiebeln
1 Knoblauchzehe
1½ kg Blattspinat
2 EL kalt gepreßtes Olivenöl
frisch gemahlener Pfeffer
etwas Salz
1 Bund frische Kräuter (Liebstöckel, Petersilie und Beifuß)
200 g Schafskäse
2 Eigelb
3 EL grobes Hafervollkornschrot
Vollkornmehl zum Bestäuben
2 EL Butter
Butter zum Ausfetten

1. Das Mehl mit dem Salz auf ein Backbrett geben und in die Mitte eine Vertiefung drücken. Das Öl und das Wasser löffelweise dazugeben und gleichzeitig mit einer Gabel alle Zutaten von innen nach außen vermengen.
2. Dann mit den Händen zu einem geschmeidigen Teig verarbeiten und so lange kneten, bis der Teig ganz glatt ist. Den Teig 60 Minuten unter einer angewärmten Schüssel ruhen lassen.
3. Inzwischen die Zwiebeln und den Knoblauch schälen und würfeln, den Spinat putzen und in Streifen schneiden. Die Zwiebeln im Öl andünsten, den Spinat hinzugeben, mitdünsten.
4. Das Gemüse abkühlen lassen, die beim Dünsten eventuell entstandene Flüssigkeit abgießen und das Gemüse mit Pfeffer, Salz und fein gehackten Kräutern abschmecken.
5. Den Schafskäse fein würfeln und mit den Eigelben mischen. Zusammen mit dem Hafervollkornschrot unter die Spinatmasse heben. Den Backofen auf 190° C vorheizen.
6. Den Teig über den Handrücken ausziehen oder dünn ausrollen. Auf ein bemehltes Tuch geben und die Ränder nochmals etwas ausziehen.
7. Den Strudelteig mit etwas flüssiger Butter bestreichen, die Spinatmasse auftragen und den Strudel mit Hilfe des Tuches von der schmalen Seite her zusammenrollen. Auf ein gefettetes Backblech setzen, mit der restlichen Butter bestreichen und 40 bis 45 Minuten backen.

TIP

Der Strudelteig aus Vollkornmehl läßt sich, bedingt durch den höheren Kleieanteil des Mehls, nicht so dünn ausziehen wie Strudelteig aus weißem Mehl. Dafür ist er aber feiner im Geschmack.

Käsestrudel

ZUBEREITUNGSZEIT: CA. 90 MIN.
ETWA 4 PORTIONEN
CA. 620 KCAL JE PORTION

250 g Dinkel
½ TL Salz
4 EL kalt gepreßtes Olivenöl
8 bis 10 EL Wasser
2 Zwiebeln
1 Knoblauchzehe
2 Stangen Lauch
200 g Möhren
2 EL Butter
250 g Quark
2 Eier
125 g geriebener Käse
frisch gemahlener Pfeffer
etwas Salz
1 Bund Schnittlauch
feines Vollkornmehl zum Bestäuben
2 EL Butter

1. Den Strudelteig wie beim Gemüsestrudel beschrieben zubereiten und unter einer angewärmten Schüssel 60 Minuten ruhen lassen.
2. In der Zwischenzeit die Füllung zubereiten. Die Zwiebeln und die Knoblauchzehe schälen, die Zwiebeln in Scheiben schneiden, die Knoblauchzehe fein hacken. Den Lauch putzen, waschen und in dünne Streifen schneiden. Die Möhren waschen und in feine Scheiben schneiden.
3. Das Gemüse in der Butter glasig dünsten, dann abkühlen lassen und eventuell beim Dünsten entstandene Flüssigkeit abgießen. Den Backofen auf 190° C vorheizen.
4. Den Quark mit den Eiern und dem Käse verrühren, die Gemüsemasse unter den Quark heben und mit Pfeffer und Salz kräftig würzen. Den fein geschnittenen Schnittlauch unterziehen.
5. Wie im Rezept „Gemüsestrudel“ beschrieben, den Strudel füllen und backen.

Sauerkrautstrudel

ZUBEREITUNGSZEIT: CA. 90 MIN.
ETWA 4 PORTIONEN
CA. 745 KCAL JE PORTION

250 g Dinkel
½ TL Salz
4 EL kalt gepreßtes Olivenöl
8 bis 10 EL Wasser
150 g Zwiebeln
2 Knoblauchzehen
1 rote Paprikaschote (150 g)
1 grüne Paprikaschote (150 g)
2 EL kalt gepreßtes Olivenöl
250 g Schafskäse
10 schwarze Oliven
1 kg Sauerkraut
etwas Salz
frisch gemahlener Pfeffer
feines Vollkornmehl zum Bestäuben
50 g Butter

1. Den Strudelteig wie beim Gemüsestrudel beschrieben zubereiten und unter einer angewärmten Schüssel 60 Minuten ruhen lassen.
2. In der Zwischenzeit die Zwiebeln und die Knoblauchzehen schälen und beides fein würfeln. Die Paprikaschoten putzen, waschen und in kleine Würfel schneiden. Das Gemüse in wenig Olivenöl andünsten.
3. Den Schafskäse grob raspeln. Die Oliven entkernen und fein würfeln. Das Sauerkraut mit der Paprika-Zwiebel-Masse mischen und dann nach Belieben würzen.
4. Den Backofen auf 190° C vorheizen. Ein großes Küchentuch mit Mehl bestäuben. Den Teig darauf ausrollen oder über den Handrücken auf 50 x 60 cm ausziehen. Den Teig mit etwas flüssiger Butter bestreichen, die Füllung mit dem Schafskäse und den Oliven darauf verteilen und mit Hilfe des Tuches den Teig von der schmalen Seite her aufrollen.
5. Den Strudel auf ein mit Backtrennpapier ausgelegtes Blech legen, mit der restlichen Butter bestreichen und 45 bis 50 Minuten backen.

Schinkenpizza mit Blätterteig

ZUBEREITUNGSZEIT: CA. 120 MIN.
ETWA 8 STÜCK
CA. 510 KCAL JE STÜCK

300 g Weizen
200 g Butter
500 g Quark
1 Msp. Salz
4 EL Milch
3 EL Öl
2 EL Zitronensaft
1 TL Senf, etwas Salz
350 g gekochter Schinken
3 EL Ananasstückchen

1. Den Weizen sehr fein mahlen.
2. Die Butter, die Hälfte des Quarks und das Salz zum Mehl geben und verkneten. Den Teig 30 Minuten im Kühlschrank ruhen lassen.
3. Den Teig ausrollen, zusammenklappen und nochmals 15 Minuten kühl stellen. Diesen Vorgang zweimal wiederholen.
4. Ein Backblech mit Backpapier auslegen. Den Teig darauf ausrollen.
5. Den restlichen Quark mit der Milch, dem Öl, dem Zitronensaft, dem Senf und dem Salz verrühren. Die Quarkmasse auf dem Teig verstreichen.
6. Den Schinken in Streifen schneiden und mit den Ananasstückchen auf dem Teig verteilen.
7. Die Pizza in den kalten Ofen schieben und 45 Minuten bei 225° C backen.

Pikante Vollkornwaffeln

ZUBEREITUNGSZEIT: CA. 30 MIN.
ETWA 8 STÜCK
CA. 155 KCAL JE STÜCK

100 g Weizenvollkornmehl
150 g Roggenvollkornmehl
1 TL Backpulver
2 Eier
1/4 l Milch
1/2 TL Salz
1/4 TL gemahlener Kümmel
1/4 TL Paprikapulver
frisch gemahlener Pfeffer
4 Tropfen Tabascosauce
50 g geriebener Käse

1. Das Weizen- und das Roggenvollkornmehl mit dem Backpulver mischen. Die Eier und die Milch dazugeben und unterrühren.
2. Nun die Gewürze und den geriebenen Käse hinzufügen und alles zu einem weichen Teig verrühren.
3. Den Teig etwa 20 Minuten ruhen lassen, damit das Vollkornmehl aufquellen kann.
4. Inzwischen das Waffeleisen aufheizen und eventuell einfetten. Aus dem Teig goldbraune Waffeln backen.

TIP

Zu diesen herzhaften Vollkornwaffeln paßt ein pikanter Kräuterquark besonders gut.

Dreikornwaffeln mit Knoblauchcreme

ZUBEREITUNGSZEIT: CA. 30 MIN.
ETWA 6 STÜCK
CA. 355 KCAL JE STÜCK

2 Eier
100 g Weizenvollkornmehl
75 g Roggenmehl
75 g Dinkelmehl
1 TL Backpulver
1/4 l Milch
1/2 TL Salz
4 Knoblauchzehen
1 TL Salz
250 g Crème fraîche
Saft von 1/2 Zitrone
2 EL Obstessig
etwas Pfeffer
einige Tropfen Worcestersauce
4 EL Schnittlauchröllchen

1. Die Eier trennen. Das gesamte Mehl mit dem Backpulver mischen. Die Eigelbe, Milch und Salz dazugeben und unterrühren. Die Eiweiße steif schlagen und unterziehen.
2. Den Teig etwa 20 Minuten quellen lassen.
3. Das Waffeleisen aufheizen und eventuell einfetten, goldbraune Waffeln backen.
4. In der Zwischenzeit die Knoblauchzehen mit Salz zerreiben. Die Crème fraîche mit Zitronensaft, Essig und dem Knoblauch dann schaumig aufschlagen.
5. Mit Salz, Pfeffer und Worcestersauce abschmecken und den Schnittlauch unterziehen. Die fertige Creme zu den Waffeln reichen.

Vollkornwindbeutel mit Frischkäsecreme

ZUBEREITUNGSZEIT: CA. 90 MIN.
ETWA 16 STÜCK
CA. 125 KCAL JE STÜCK

50 g Butter
200 ml Wasser
140 g Weizenvollkornmehl
etwas Salz
3 bis 4 Eier
250 g Doppelrahmfrischkäse
2 EL Milch
1 Zwiebel
1 Bund frische Kräuter (Schnittlauch, Petersilie, Estragon)
etwas Salz
frisch gemahlener weißer Pfeffer
Cayennepfeffer
frisch geriebene Muskatnuß
Paprikapulver
einige Tropfen Zitronensaft

1. Die Butter und das Wasser in einen Topf geben und dann zum Kochen bringen.
2. Das Mehl und das Salz dazugeben und mit dem Kochlöffel so lange rühren, bis sich der Teig vom Topfboden löst.
3. Den Topf vom Feuer nehmen, leicht erkalten lassen und die Eier einzeln darunterrühren. Den Backofen auf 180° C vorheizen.
4. Den Teig in einen Spritzbeutel füllen, 16 kleine Häufchen auf ein bemehltes Backblech spritzen und 40 bis 45 Minuten ausbacken. Dann bei 225° C noch 5 Minuten backen.
5. In der Zwischenzeit den Frischkäse mit der Milch cremig rühren.
6. Die Zwiebel schälen und fein hacken, die verlesenen, gewaschenen und klein geschnittenen Kräuter mit der Zwiebel unter die Creme ziehen. Mit Salz, Pfeffer, Cayennepfeffer, Muskatnuß, Paprikapulver und Zitronensaft kräftig abschmecken und gut durchrühren.
7. Die gebackenen Vollkornwindbeutel herausnehmen, erkalten lassen, eine Haube abschneiden, den Frischkäse gleichmäßig auf die Böden der Windbeutel verteilen und die Hauben wieder aufsetzen.

Süße und herzhafte Aufläufe

Dampfnudeln

ZUBEREITUNGSZEIT: CA. 90 MIN.
4 PORTIONEN
CA. 755 KCAL JE PORTION

500 g Weizen
75 ml Milch
30 g frische Hefe
2 TL Zucker
100 g Butter
4 EL Honig
1 Ei, etwas Salz
125 ml Milch, 2 EL Öl

1. Den Weizen fein mahlen. Das Mehl in eine Schüssel geben und in die Mitte eine Vertiefung drücken.
2. Die warme Milch, die Hefe und den Zucker in die Vertiefung geben und diesen Vorteig abgedeckt 15 Minuten an einem warmen Ort gehen lassen.
3. Die weiche Butter, 3 EL Honig, das Ei, das Salz und die warme Milch zugeben und zu einem weichen Teig verkneten.
4. Eine große Auflaufform mit dem restlichen Honig, dem Öl und so viel warmen Wasser füllen, daß der Boden ca. 1 cm hoch bedeckt ist.
5. Aus dem Teig 6–8 Klöße formen und nicht zu dicht in die warme Flüssigkeit setzen. Die Form mit einem Deckel decken und nochmals gehen lassen.
6. Den Backofen auf 200° C vorheizen. Die Dampfnudeln ca. 45 Minuten backen.

Rahmauflauf

ZUBEREITUNGSZEIT: CA. 45 MINUTEN
4 PORTIONEN
CA. 470 KCAL JE PORTION

5 Eier
1 EL Zucker
1 P. Vanillezucker
2 EL Honig
150 g Weizen
250 g süße Sahne
Saft von ½ Zitrone
1 Msp. Salz

1. Die Eier trennen. Die Eigelbe mit dem Zucker, dem Vanillezucker und dem Honig schaumig rühren.
2. Den Weizen fein mahlen. Mit der Sahne unter die Schaummasse rühren. Den Zitronensaft und das Salz zugeben.
3. Den Backofen auf 175° C vorheizen.
4. Die Eiweiße steifschlagen und unterheben.
5. Eine Auflaufform gut ausfetten, die Masse einfüllen und 20–30 Minuten backen.

TIP

Zu beiden Aufläufen paßt Obstkompott, die Dampfnudeln schmecken auch gut mit Vanillesoße.

Maisgrießauflauf

ZUBEREITUNGSZEIT: CA. 60 MIN.
4 PORTIONEN
CA. 670 KCAL JE PORTION

1 l Milch
175 g grober Maisgrieß
(im Reformhaus erhältlich)
1 Msp. Salz
100 g Butter
2 geh. EL Honig
2 EL Zucker
1 EL Vanillezucker
4 Eier

1. Die Milch aufkochen lassen. Den Maisgrieß und das Salz zufügen und 5 Minuten kochen lassen. Abgedeckt abkühlen lassen.
2. Die Butter, den Honig, den Zucker und den Vanillezucker miteinander verrühren.
3. Die Eier trennen. Die Eigelbe zur Buttermasse geben und alles schaumig rühren. Den abgekühlten Maisbrei unterrühren.
4. Die Eiweiße steif schlagen und unterheben.
5. Den Backofen auf 200° C vorheizen. Eine große Auflaufform ausfetten und den Brei einfüllen. Ca. 45 Minuten backen.

Knusperrhabarber

ZUBEREITUNGSZEIT: CA. 50 MIN.
4 PORTIONEN
CA. 430 KCAL JE PORTION

500 g Rhabarber
3 geh. EL Honig
1 Msp. Salz
50 g Weizen
200 g Hafer
3 geh. EL brauner Zucker
3 EL Öl
2 EL Semmelbrösel

1. Den Rhabarber schälen und klein schneiden. Mit dem Honig und dem Salz mischen.
2. Den Weizen fein mahlen und mit dem Rhabarber verrühren.
3. Den Backofen auf 200° C vorheizen. Eine Auflaufform ausfetten und mit Semmelbröseln ausstreuen. Den Rhabarber hineingeben.
4. Den Hafer mittelgrob mahlen und mit dem Zucker und dem Öl verrühren. Über den Rhabarber geben und ca. 35 Minuten backen.

Schoko-Hafer-Auflauf

ZUBEREITUNGSZEIT: CA. 45 MIN.
4 PORTIONEN
CA. 790 KCAL JE PORTION

150 g Butter
3 geh. EL Honig
2 gestr. EL Zucker
4 Eier
3 EL Kakaopulver
2 EL Rum
250 g Hafer
250 ml Milch
2 EL Sesamkörner

1. Die weiche Butter, den Honig und den Zucker verrühren.
2. Die Eier trennen. Die Eigelbe, den Kakao und den Rum zufügen und schaumig rühren.
3. Den Hafer mittelgrob mahlen. Mit der Milch nach und nach in die Schaummasse rühren.
4. Den Backofen auf 175° C vorheizen.
5. Die Eiweiße steifschlagen und unterheben.
6. Eine Auflaufform ausfetten und mit Sesamkörnern ausstreuen. Den Auflauf einfüllen und 20–30 Minuten backen.

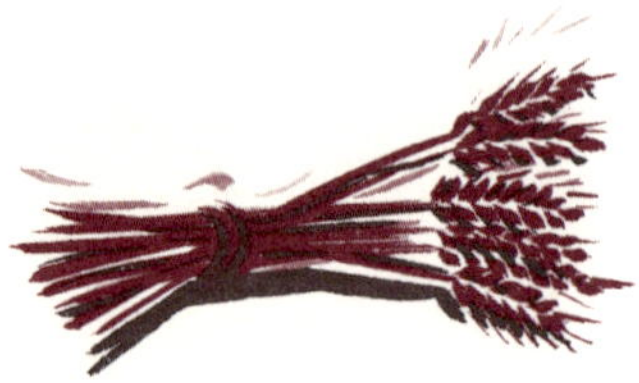

Apfel-Hafer-Auflauf

ZUBEREITUNGSZEIT: CA. 75 MIN.
4 PORTIONEN
CA. 760 KCAL JE PORTION

750 g Äpfel
1 Zitrone
75 g Butter
3 Eier
2 geh. EL Zucker
2 geh. EL Honig
1 TL Zimtpulver
250 g Quark
250 g Hafer
1 gestr. TL Backpulver
250 ml Milch, 1 EL Öl
25 g Butter

1. Die Äpfel waschen, vierteln, das Kerngehäuse entfernen und dann mit der Schale grob reiben.
2. Die Zitrone auspressen und den Saft zu den Äpfeln geben.
3. Die Eier trennen. Die Eigelbe mit dem Zucker und dem Honig schaumig rühren. Den Zimt, den Quark und die Äpfel zugeben und alles miteinander verrühren.
4. Den Hafer mittelgrob mahlen. 2 Eßlöffel abnehmen, den Rest mit dem Backpulver mischen. Zusammen mit der Milch zu der Quarkmasse geben.
5. Die Eiweiße steifschlagen und unterheben.
6. Den Backofen auf 200° C vorheizen. Eine Auflaufform mit Öl auspinseln und den Auflauf einfüllen.

7. Den restlichen Hafer in dem Öl anrösten und über den Auflauf streuen. Die Butter in Flöckchen darauf verteilen. Ca. 45 Minuten backen.

Hirseauflauf

ZUBEREITUNGSZEIT: CA. 75 MIN.
4 PORTIONEN
CA. 830 KCAL JE PORTION

750 ml Milch
1 Msp. Salz
1 ½ Tassen Hirse
75 g Butter
2 geh. EL Honig
1 ½ EL Zucker
3 Eier
Saft von 1 Zitrone
1 große Dose Aprikosen oder Pfirsiche
3 EL Semmelbrösel
25 g Butter

1. Die Milch aufkochen lassen. Das Salz und die Hirse zufügen, von der Herdplatte nehmen, den Topf abdecken und alles 15 Minuten quellen lassen. Den Hirsebrei gut abkühlen lassen.
2. Die Butter, den Honig, den Zucker und die Eier schaumig rühren. Den Zitronensaft und den Hirsebrei zugeben.
3. Den Backofen auf 200° C vorheizen. Anschließend eine Auflaufform ausfetten und dann die Hälfte der Masse einfüllen.
4. Das Obst gut abtropfen lassen, etwas klein schneiden und auf dem Brei verteilen. Den restlichen Brei darüberstreichen.
5. Mit Semmelbröseln und Butterflöckchen bedecken und ca. 45 Minuten backen.

Naturreisauflauf mit Quark

ZUBEREITUNGSZEIT: CA. 75 MIN.
4 PORTIONEN
CA. 830 KCAL JE PORTION

2 Tassen Naturreis
5 Tassen Wasser
1 Pr. Salz
100 g Butter
3 geh. EL Honig
2 EL Zucker
4 Eier
500 g Quark
100 ml Milch

1. Den Reis im Salzwasser etwa 20 Minuten garen und dann abkühlen lassen.
2. Die Butter, den Honig, den Zucker und die Eier schaumig rühren.
3. Den Quark und den Reis unterrühren. Je nach Festigkeit der Masse noch die Milch zufügen.
4. Den Backofen auf 200° C vorheizen. Eine Auflaufform ausfetten, den Brei einfüllen und ca. 45 Minuten backen.

Quarkmaultasche

ZUBEREITUNGSZEIT: CA. 90 MIN.
4 PORTIONEN
CA. 835 KCAL JE PORTION

400 g Weizen
1 P. Backpulver
250 g Quark
½ TL Salz
8 EL Öl
2 EL Milch
750 g Äpfel
2 EL Zitronensaft
50 g Rosinen
50 g süße Sahne
3 geh. EL Honig
2 EL Öl
125 ml Milch

1. Den Weizen fein mahlen und mit dem Backpulver mischen.
2. Den Quark, das Salz, das Öl und die Milch zum Mehl geben und zu einem geschmeidigen Teig verkneten.
3. Die Äpfel schälen, das Kerngehäuse entfernen und grob reiben. Mit dem Zitronensaft und den Rosinen mischen.
4. Den Backofen auf 250° C vorheizen. Den Teig halbieren und jedes Teil ausrollen. Eine große Auflaufform ausfetten und mit einer Teighälfte auslegen.
5. Den Teig mit der Sahne bestreichen und mit dem Obst belegen. Den Honig darüberträufeln. Mit der zweiten Teigplatte abdecken.
6. Die Oberfläche mit dem Öl bestreichen und etwa 45 Minuten backen. Wenn die Oberfläche beginnt braun zu werden, die Milch darübergießen und den Backofen ausschalten.

TIP
Die Maultasche können Sie auch mit kleingeschnittenen Zwetschgen füllen.

Apfel-Nuß-Auflauf

ZUBEREITUNGSZEIT: CA. 30 MIN.
4 PORTIONEN
CA. 340 KCAL JE PORTION

400 g Äpfel
4 EL geriebene Nüsse
4 Eigelb
2 EL Hafervollkornschrot
50 g Rosinen
½ TL Zimt
Saft von 1 Zitrone
4 Eiweiß
4 EL Honig
Butter zum Ausfetten

1. Die Äpfel waschen, vierteln, vom Kerngehäuse befreien, sehr fein würfeln oder grob raspeln, dann mit den Nüssen, den Eigelben, dem Hafervollkornschrot, den Rosinen, Zimt und Zitronensaft verrühren und quellen lassen.
2. Den Backofen auf 175° C vorheizen. Die Eiweiße sehr steif schlagen, zum Schluß den Honig dazugeben und unter die Apfelmasse heben.
3. In eine gefettete Auflaufform füllen und 15 bis 20 Minuten backen.

Saure-Sahne-Soufflé

ZUBEREITUNGSZEIT: CA. 45 MIN.
4 PORTIONEN
CA. 330 KCAL JE PORTION

100 g Weizen
400 g saure Sahne
2 Eier
etwas abgeriebene Schale von
1 unbehandelten Zitrone
1 Pr. gemahlener Zimt
2 EL Honig
2 EL frisch geriebene Kokosnuß
4 EL Sauerkirschen
etwas Butter zum Ausfetten

1. Den Weizen fein mahlen. Das Mehl mit der sauren Sahne glattrühren und unter ständigem Rühren erhitzen, bis die Masse zu dicken beginnt.
2. Die Eier trennen, die Eigelbe zur sauren Sahne geben, leicht erhitzen, vom Herd nehmen und mit Zitronenschale und Zimt abschmecken.
3. Den Backofen auf 180° C vorheizen. Die Eiweiße steif schlagen, zum Schluß den Honig dazugeben und vorsichtig mit der geriebenen Kokosnuß unter die Sahnemasse heben.
4. Die Sauerkirschen waschen und entsteinen. In eine gefettete Auflaufform geben.
5. Die Souffléemasse über die Kirschen geben und 25 bis 30 Minuten backen. Dann sofort servieren.

Apfel-Hirse-Auflauf

ZUBEREITUNGSZEIT: CA. 60 MIN.
4 PORTIONEN
CA. 395 KCAL JE PORTION

200 g Hirse
250 ml Wasser, 250 ml Milch
abgeriebene Schale von
½ unbehandelten Zitrone
Mark von 1 Vanilleschote
2 bis 3 Äpfel, 2 Eier
2 bis 4 EL Honig
Butter zum Ausfetten
2 EL Mandelblättchen

1. Die Hirse kalt und warm abspülen. Mit dem Wasser aufsetzen, aufkochen und bei geringer Hitze so lange köcheln lassen, bis die Hirse das Wasser aufgesogen hat.
2. Dann die Milch mit der Zitronenschale und dem Vanillemark dazugeben und die Hirse fertiggaren. Auf der ausgeschalteten Herdplatte nachquellen lassen.
3. Die Äpfel waschen, halbieren, das Kerngehäuse entfernen und in dünne Scheiben schneiden.
4. Den erkalteten Hirsebrei mit Honig süßen. Die Eier trennen, die Eigelbe unter die Hirsemasse ziehen.
5. Die Eiweiße sehr steif schlagen und unterheben, die Masse schichtweise mit den Äpfeln in eine gefettete Auflaufform geben und mit den Mandelblättchen bestreuen. Bei 180° C 30 bis 40 Minuten backen.

Bratäpfel

ZUBEREITUNGSZEIT: CA. 50 MIN.
4 PORTIONEN
CA. 295 KCAL JE PORTION

8 Äpfel
2 EL Honig
2 EL fein gemahlene Haselnüsse
2 EL getrocknete Aprikosen
2 EL gehackte Walnüsse
2 EL Quark
50 ml Apfelsaft
100 ml Weißwein

1. Die Äpfel waschen und mit einem Apfelausstecher das Kerngehäuse entfernen.
2. Den Honig mit den Haselnüssen verrühren, die in kleine Würfel geschnittenen, ungeschwefelten Aprikosen sowie die Walnüsse untermischen. Den Quark unterrühren.
3. Die Masse in die Äpfel füllen, diese in eine gefettete feuerfeste Auflaufform setzen. Den Saft mit dem Wein verrühren und die Äpfel damit übergießen. Im Backofen auf der mittleren Leiste bei 150° C je Apfelsorte 25 bis 45 Minuten backen.

Haferauflauf mit Gemüse

ZUBEREITUNGSZEIT: CA. 90 MIN.
4 PORTIONEN
CA. 575 KCAL JE PORTION

250 g Hafer
750 ml Wasser
125 g Hartkäse
3 Eier
½ TL Salz
2 Zwiebeln
1 grüne Paprikaschote
1 Stange Lauch
2 Stangen Bleichsellerie
500 g Tomaten
3 EL Öl
½ TL Thymian
½ TL Paprikapulver
etwas Salz
25 g Butter

1. Den Hafer fein mahlen. Das Wasser erhitzen und dann das Mehl damit übergießen. Ca. 2 Stunden quellen lassen.
2. Den Käse fein reiben. 2 EL davon beiseite legen, den Rest mit den Eiern und dem Salz verrühren.
3. Die Zwiebeln schälen und fein würfeln. Das restliche Gemüse waschen und in Würfel bzw. Ringe schneiden.
4. Das Öl erhitzen und das Gemüse darin anbraten. Die Gewürze zufügen.
5. Den Backofen auf 225° C vorheizen. Eine Auflaufform ausfetten. Die Hafermasse einfüllen und dann das Gemüse darauf verteilen. Mit dem restlichen Käse bestreuen. Die Butter in Flöckchen schneiden und auf dem Auflauf verteilen. Ca. 45 Minuten backen.

Lauch-Reis-Auflauf

ZUBEREITUNGSZEIT: CA. 90 MIN.
4 PORTIONEN
CA. 630 KCAL JE PORTION

2 EL Öl
2 Tassen Naturreis
7 Tassen Wasser
500 g Lauch
4 Eier
etwas Salz und Pfeffer
½ TL Currypulver
2 EL Sojasauce
50 g Butter

1. Das Öl erhitzen. Den Reis darin anbraten, das Wasser zugeben und alles 30 Minuten bei milder Hitze garen.
2. Den Lauch waschen und in feine Ringe schneiden. Mit dem Reis mischen.
3. Die Eier mit den Gewürzen und der Sojasauce verquirlen.
4. Den Backofen auf 200° C vorheizen. Eine Auflaufform ausfetten. Den Reis einfüllen und die Eiermasse darübergießen. Die Butter in Flöckchen schneiden und auf dem Auflauf verteilen. Ca. 45 Minuten backen.

Käseauflauf

Zubereitungszeit: ca. 50 Min.
4 Portionen
ca. 500 kcal je Portion

75 g Butter
125 g Weizen
500 ml Milch
125 ml Wasser
½ TL Salz
½ TL Paprikapulver
4 Eier
1 TL Backpulver
100 g Hartkäse

1. Die Butter zerlassen. Das Backpulver und den Weizen fein mahlen und unter Rühren zugeben.
2. Die Milch, das Wasser und die Gewürze zufügen, aufkochen und etwas abkühlen lassen.
3. Die Eier trennen. Die Eigelbe unter den Brei rühren.
4. Den Käse reiben und unterrühren.
5. Die Eiweiße steif schlagen und unterheben.
6. Den Backofen auf 175° C vorheizen. Eine Auflaufform fetten und die Masse einfüllen. Ca. 30 Minuten backen.

Möhren-Reis-Auflauf

Zubereitungszeit: ca. 90 Min.
4 Portionen
ca. 230 kcal je Portion

125 g Naturreis, 500 g Möhren
½ l Gemüsebrühe
1 Zwiebel, etwas Salz
frisch geriebene Muskatnuß
frisch gemahlener weißer Pfeffer
1 Bund Kerbel, 2 Eier
2 EL geriebener Käse
2 EL saure Sahne

1. Den Reis kalt und warm abspülen. Die Gemüsebrühe zum Kochen bringen. Den Reis dazugeben und auf kleiner Hitze 30 bis 40 Minuten kochen.
2. In der Zwischenzeit die Möhren putzen, grob raspeln, die Zwiebel schälen und fein würfeln.
3. Nach der Hälfte der Garzeit das Gemüse zum Reis geben und mitkochen lassen. Nach Ende der Garzeit die Reis-Möhren-Masse mit Salz, Muskatnuß und Pfeffer würzen und den fein gehackten Kerbel unterziehen. Die Masse erkalten lassen.
4. Die Eier trennen, die Eigelbe mit dem Käse und mit der sauren Sahne verrühren und unter die Reismasse geben, kräftig abschmecken.
5. Die Eiweiße steif schlagen und unter die Auflaufmasse heben. Diese in eine gefettete Auflaufform geben und bei 190° C 30 Minuten lang backen.

Champignonauflauf mit Pfannkuchen

Zubereitungszeit: ca. 60 Min.
4 Portionen
ca. 690 kcal je Portion

250 g Weizen
1 Ei
500 ml Milch
etwas Salz
3 EL Öl
500 g Quark
250 g saure Sahne
2 Eier
1 Zwiebel
etwas Salz und Paprikapulver
1 EL gehackte Petersilie
250 g Champignons
50 g Butter

1. Den Weizen fein mahlen. Aus dem Mehl, dem Ei, der Milch und dem Salz einen dünnflüssigen Pfannkuchenteig bereiten.
2. Jeweils etwas Öl erhitzen und dünne Pfannkuchen bei milder Hitze backen.
3. Den Quark, die Sahne und die Eier verrühren.
4. Die Zwiebel schälen und fein würfeln. Mit den Gewürzen und der Petersilie unter den Quark rühren.
5. Die Champignons waschen und in feine Scheiben schneiden. Unter den Quark heben.
6. Den Backofen auf 200° C vorheizen. Eine hohe Auflaufform ausfetten.
7. Abwechselnd Quarkmasse und Pfannkuchen einschichten. Die letzte Schicht sollte aus Quark bestehen. Die Butter in Flöckchen darauf verteilen. Ca. 45 Minuten backen.

Rezeptverzeichnis

freundin – Der große Ratgeber
Hochzeit feiern
Die Planung – Das Fest – Der Start ins gemeinsame Leben
Von C. von Hörner-Nitsch, I. Weber, K. Riebartsch, C. von Bernuth – 128 S., geb., 184 Farbfotos.
ISBN: 3-8068-**4702**-9
Preis: DM 39,90; öS 295,–; sFr. 39.90

Ob Sie ein rauschendes Fest feiern oder diesen Tag zu zweit genießen möchten, hier finden Sie klassische und ausgefallene Vorschläge für die Festgestaltung. Organisationspläne, Checklisten und Kostenvoranschläge helfen bei den Vorbereitungen. Sie erhalten detaillierte Auskunft über Formalitäten, Bürokratisches und Juristisches und erfahren Wissenswertes für das Eheleben.

Spiele für Hochzeitsfeiern
Von der grünen bis zur goldenen Hochzeit
Von E. und H. Bücken – 120 S., kart., zahlr. Zeichng., durchg. vierfarbig.
ISBN: 3-8068-**1530**-5
Preis: DM 19,90; öS 148,–; sFr. 19,90

Hochzeiten feiern kann man vielfach in einem Eheleben – von der „eigentlichen" Hochzeit bis weit über die goldene hinaus. Das Buch hilft dabei, diese Feste zu unvergeßlichen Feiern werden zu lassen.

Die Silberhochzeit
Von K. F. Merkle – 120 S., kart.
ISBN: 3-635-**60010**-5
Preis: DM 12,90; öS 95,–; sFr. 12.90

Tips zur Festvorbereitung und zahlreiche Vorschläge zur ganz persönlichen Gestaltung dieses Festtages lassen die Silberhochzeit zu einem außergewöhnlichen Ereignis werden.

Herzliche Glückwünsche!
Die schönsten Gedichte und Texte für viele Gelegenheiten
Hrsg. B. H. Bull – 256 S., geb., 50 Zeichnungen.
ISBN: 3-8068-**0942**-9
Preis: DM 19,90; öS 148,–; sFr. 19.90

Für dieses Buch wurden mit viel Geschmack die schönsten Gedichte und Prosatexte von Goethe und Schiller bis hin zu Ringelnatz und James Krüss zusammengestellt. Freude beim Vortragen und Zuhören auf Familienfeiern und festlichen Anlässe ist garantiert.

Großes Buch der Glückwünsche
Von O. Fuhrmann – 176 S., kart., 77 Zeichnungen.
ISBN: 3-8068-**0255**-6
Preis: DM 14,90; öS 110,–; sFr. 14.90

Dieser unentbehrliche Ratgeber enthält eine Fülle von Anregungen für persönliche und förmliche Glückwunschschreiben für alle Gelegenheiten. Mit vielen Vorschlägen zur Gestaltung.

Reden zur Hochzeit
Von G. Georg – 112 S., kart.
ISBN: 3-8068-**0654**-3
Preis: DM 9,90; öS 73,–; sFr. 9.90

Die Ansprachen in diesem Buch können entweder unverändert übernommen oder individuell ergänzt und geändert werden. Wer immer aus der Familie oder dem Freundeskreis eine Rede halten will, findet hier viele Ratschläge zur Vorbereitung der Ansprache und zur Vortragsweise.

Umgangsformen

Moderne Umgangsformen
Von I. Wolff – 256 S., geb., zahlr. Zeichng., durchg. vierfarbig.
ISBN: 3-8068-**4814**-9
Preis: DM 25,–; öS 185,–; sFr. 25.–

„Die Wolff" gilt zu Recht als unangefochtene Kapazität auf dem Gebiet des „guten Tons".

Abc der modernen Umgangsformen
Von I. Wolff – 222 S., geb., zahlreiche Abbildungen.
ISBN: 3-8068-**4754**-1
Preis: DM 29,90; öS 220,–; sFr. 29.90

Dieses Buch gibt in rund 400 Stichwortartikeln zeitgemäße Empfehlungen für sicheres und taktvolles Auftreten.

Umgangsformen im Berufsleben
Von R. Bartels – 80 S., kart.,
ISBN: 3-8068-**0063**-4
Preis: DM 9,90; öS 73,–; sFr. 9.90

Dieser moderne Knigge nimmt Abschied von alten Zöpfen und gibt Auskunft über moderne Umgangsformen: Wie verhält man sich gegenüber Kunden und Kollegen? Wie kleidet man sich im Berufsleben? Wie sieht heutzutage ein korrekter Geschäftsbrief aus?

Krawatten
Fliegen und Tücher perfekt binden
Von M. Adam – 48 S., geb., durchg. vierfbg., zahlr. Farbf. und Zeichng.
ISBN: 3-8068-**1519**-4
Preis: DM 14,90; öS 110,–; sFr. 15.90

In diesem attraktiv illustrierten Buch werden einfache, klassische und ausgefallene Knoten für individuelle Krawatten, Fliegen und Schals gezeigt.

Der gute Ton im Privatleben
Von R. Bartels – ca. 104 S., kart., erscheint April 1996.
ISBN: 3-635-**60097**-0
Preis: ca. **DM 9,90;** öS 73,–; sFr. 9.90

Ein Ratgeber zur schnellen Orientierung: Mit Tabellen und Registern zu allen international anerkannten Umgangsformen.

Benehmen bei Tisch
Von I. Cording – 80 S., kart., 90 Farbfotos.
ISBN: 3-8068-**0988**-7
Preis: DM 16,80; öS 125,–; sFr. 16.90
Alle wichtigen Anlässe, bei denen Tischmanieren eine Rolle spielen, werden in Wort und Bild vorgestellt.

Die Kunst der freien Rede
Von G. Hirsch – 232 S., geb., 11 Fotos.
ISBN: 3-8068-**4189**-6
Preis: DM 29,90; öS 220,–; sFr. 29.90

Ein praxiserprobter Intensivkurs über Gestik, Mimik und sprachliche Gestaltung der freien Rede.

FALKEN